Dom José Luiz Majella Delgado, C.Ss.R.
Pe. Antônio Carlos Oliveira Souza, C.Ss.R.
Pe. José Ulysses da Silva, C.Ss.R.
Pe. Luiz Carlos de Oliveira, C.Ss.R.

VIVENDO A SEMANA SANTA

O Mistério Pascal celebrado no Brasil

EDITORA
SANTUÁRIO

COORDENAÇÃO EDITORIAL: Ana Lúcia de Castro Leite

REVISÃO: Sofia Machado

DIAGRAMAÇÃO E CAPA: Bruno Olivoto

Dados Internacionais de Catalogação na Publicação (CIP)
de acordo com ISBD

V857 Vivendo a Semana Santa: O Mistério Pascal celebrado no Brasil / Dom José Luiz Majella Delgado... [et al.]. - Aparecida : Editora Santuário, 2021.
128 p. ; 16cm x 23cm.

ISBN: 978-65-5527-168-3

1. Religião. 2. Cristianismo. 3. Semana Santa. I. Souza, Antônio Carlos Oliveira. II. Delgado, José Luiz Majella. III. Silva, José Ulysses da. IV. Oliveira, Luiz Carlos de. V. Título.

2021-4689 CDD 240
CDU 24

Elaborado por Vagner Rodolfo da Silva - CRB-8/9410

Índice para catálogo sistemático:
1. Religião : Cristianismo 240
2. Religião : Cristianismo 24

Rua Pe. Claro Monteiro, 342 – 12570-000 – Aparecida-SP
Tel.: 12 3104-2000 – Televendas: 0800 0 16 00 04
www.editorasantuario.com.br
vendas@editorasantuario.com.br

APRESENTAÇÃO

VIVENDO A SEMANA SANTA...

Título sugestivo para um livro. E o subtítulo – *o Mistério Pascal celebrado no Brasil* – também desperta, pelo menos, curiosidade. E surgem três perguntas: qual a proposta deste livro? Quem o escreveu? A que público se dirige?

Havia uma expectativa, que gerou uma sugestão: a de se fazer um livrete especial, contendo as cinco grandes celebrações da Semana Santa: Domingo de Ramos, Quinta e Sexta-feira Santa, Sábado Santo (Vigília Pascal) e Domingo da Ressurreição do Senhor.

A sugestão foi apresentada e, por sua vez, iluminou uma ideia... E da ideia nasceu um projeto: não apenas um livrete, mas um livro inteirinho só da Semana Santa. E não só das cinco grandes celebrações, mas que apresentasse também aspectos históricos e folclóricos; comentários litúrgicos e paralitúrgicos; instruções para os ministros ordenados (sacerdotes e diáconos); por fim, instruções para ministros leigos.

E aqui fica respondida a primeira pergunta: a proposta de *Vivendo a Semana Santa* é mostrar como se celebra o Mistério Pascal no Brasil e também despertar o interesse para um maior enriquecimento das celebrações, retomando, talvez, aspectos que já caíram no esquecimento.

Para a segunda pergunta apresentamos quatro autores e um organizador, de acordo com o projeto do livro, que contém quatro partes distintas:

1ª **Histórico** da Semana Santa, incluindo aspectos folclóricos.
Autor: Pe. Antônio Carlos Oliveira Souza, C.Ss.R.

2ª **Comentários da Liturgia e Paraliturgia**, para introduzir e conduzir as celebrações, de modo a favorecer a maior participação dos fiéis. Serve de apoio para as celebrações.

Autor: Pe. Luiz Carlos de Oliveira, C.Ss.R.

3ª **Instruções para os ministros ordenados.** São sugestões para preparar e realizar as diversas celebrações e ideias básicas para homilias, inclusive para as procissões, sermão das sete palavras e descida da cruz.

Autor: Pe. José Ulysses da Silva, C.Ss.R.

4ª **Instruções para os ministérios e serviços na comunidade.** Roteiros e sugestões de como preparar os materiais destinados às celebrações, como também orientar o pessoal designado para os diversos serviços litúrgicos.

Autor: Dom José Luiz Majella Delgado, C.Ss.R.

Quanto ao público a que se dirige, *Vivendo a Semana Santa* tem como destinatários diretos:

– Párocos
– Vigários paroquiais
– Diáconos
– Equipes de Liturgia
– Institutos religiosos
– Comunidades organizadas.

Podemos dizer que se destina também aos fiéis em geral, que poderão aqui encontrar informações históricas e folclóricas interessantíssimas, orientações e sugestões para uma mais intensa participação nas celebrações do Mistério Pascal de Cristo.

De nossa parte, estamos felizes em apresentar este belo livro: *Vivendo a Semana Santa*. E nosso desejo é que ele atenda plenamente à expectativa de todos.

Pe. Flávio Cavalca de Castro, C.Ss.R.

PRIMEIRA PARTE

HISTÓRICO DA SEMANA SANTA

I. O SENTIDO DAS FESTAS CRISTÃS

As festas são tão antigas quanto à própria humanidade. "Celebrar uma festa é festejar de maneira diferente a aprovação do mundo, que se efetua permanentemente, todos os dias."[1]

As festas são celebrações de acontecimentos que são recordados e atualizados pelos fiéis em um clima de ação de graças e de louvor. Algumas festas têm origem em acontecimentos da natureza cósmica que se repetem periodicamente. Outras são fatos significativos da vida dos indivíduos e das famílias, das comunidades e coletividades maiores. As festas são fatos cultuais, pois o ser humano religioso inclui um agradecimento ao Criador do mundo em que mora e o motivo concreto dessa celebração.

Os cristãos possuem uma profunda ligação com o povo judeu e com sua religião. Conheceram muitas festas comemorativas das ações salvíficas de Deus em favor de seu povo. O acontecimento de Jesus Cristo veio dar sentido novo a diversas festas judaicas, dando um caráter soteriológico a muitas celebrações que ganharam um sentido próprio para os cristãos.

O ano litúrgico da Igreja surgiu de um fato decisivo para nós cristãos, como de um coração, que é o centro mais íntimo de um organismo, de onde partem e para onde tornam todos os vasos sanguíneos. O coração humano é o centro vital que irriga todas as células. Como órgão central, o coração abastece de sangue todas as suas partes, até as mais longínquas e tênues ramificações.

O ano litúrgico surgiu assim e se desenvolveu a partir da experiência central do cristianismo como de um coração: o fato da Paixão-Morte e Ressurreição de Jesus.

---

[1] PIEPER J., *Zustimmunz zur WELT*. Eine Theorie des Festes, Munique, 1963, p. 53; cf. Id., *Musse und Kult*. 6ª ed., Munique, 1961.

Muitas vezes, as pessoas pensam que o Natal é a festa mais importante do calendário litúrgico e que o primeiro domingo do Advento tenha sido o início cronológico do ano litúrgico. Nossa sociedade de consumo e as leis da economia de mercado dão um destaque especial a essa festa, mas nem sempre foi assim.

O próprio início do ano civil não era igual para todos os países cristãos durante o período da Idade Média. Caio Júlio César modificara o antigo mês romano lunar de 28 dias. Como o ano solar tinha um pouco mais de 364 e 1/4 de dias, não podia ser exatamente dividido por 28, de modo que o calendário romano já se afastara tanto das estações que outubro estava caindo em julho (mês assim chamado em honra ao grande Júlio). Júlio César mandou então chamar um astrônomo egípcio de Alexandria e, seguindo seu parecer, reformou o calendário criando o ano de 365 dias, com um bissexto de quatro em quatro anos. Assim o começo do ano romano, das calendas de março (dia primeiro) foi antecipado para as calendas de janeiro (dia primeiro de janeiro).

Embora esse calendário se tenha firmado e imposto em todo o Ocidente, havia ainda datas divergentes quanto ao início do ano. No reino franco, até o século VIII, e em Veneza, até 1797, o início do ano era ainda primeiro de março. Até o século XV, sobretudo, na França, o início do ano era a Páscoa da Ressurreição. Principalmente na Escandinávia e na Alemanha, até o século XVI, o Natal era o início do ano. 25 de março, Festa da Anunciação do Senhor, era tido como o verdadeiro dia da Encarnação do Senhor; sobretudo na Itália e na província de Treveris era considerado o início do ano. Desde o século VII, no Império Bizantino e nos territórios que estavam sob sua influência, o início do ano era em primeiro de setembro.

Como se pode ver, o ano civil era tão diversificado que não havia um conceito único para o ano litúrgico ou eclesiástico. Quando se colocaram os textos do primeiro domingo do Advento, cada vez mais, no início dos livros litúrgicos (Sacramentários), desde os séculos X-XI, começou a aparecer o conceito de que o ciclo anual das festas da Igreja começava com o primeiro domingo do Advento.

Esse tipo de colocação favoreceu a ideia de que o ciclo anual das festas cristãs procurava oferecer aos fiéis todas as etapas da vida de Jesus, desde seu nascimento até sua segunda vinda do fim dos tempos. O ciclo das festas cristãs não é uma representação cénica espiritual da vida de Jesus, integrada, com maior ou menor habilidade, no ciclo anual.

O ano litúrgico surgiu do Mistério Pascal e se tornou uma grande e frondosa árvore com muitos galhos, ramos e muitas folhas. Sempre nasce do encontro da comunidade com o Senhor Ressuscitado, que é recordado, atualizado e vivido nos momentos da vida. O Mistério Pascal é, pois, o centro e a fonte do ano litúrgico.

II. A SEMANA SANTA

O Mistério Pascal é considerado o fato primordial de nossa fé e o centro de todas as celebrações litúrgicas cristãs. Histórica e teologicamente, o ano litúrgico surgiu e se desenvolveu como ação pascal e da redenção de Jesus. Examinando os dias da celebração da paixão, morte e ressurreição do Senhor, percebemos que são núcleos das celebrações e constituem o que chamamos de Semana Santa.

1. A origem da Semana Santa

Ao lado do domingo, como o dia habitual da comemoração da morte e ressurreição do Senhor, desde muito cedo, na história da Igreja, apareceu uma comemoração anual da Páscoa de Jesus.

Os textos do Novo Testamento não possuem uma afirmação precisa sobre esse ponto. Mas Paulo manifesta a consciência de que a comunidade cristã assumira um novo sentido para a Páscoa Judaica: "Purifiquem-se do velho fermento para serem uma massa nova, já que vocês são ázimos. Pois Cristo, nossa Páscoa, foi imolado. Celebremos a festa, não com fermento velho, nem com um fermento de malícia e de perversidade, mas com ázimos de pureza e de verdade" (1Cor 5,7-8).

Podemos, pois, supor que as comunidades neotestamentárias celebravam a memória do Mistério Pascal nos dias da festa da Páscoa judaica, embora a separação da celebração cristã, em relação à festa judaica como dia de comemoração da Libertação, só aos poucos se tenha processado nas comunidades judaico-cristãs.

No século II, aparece a célebre controvérsia pascal conforme os diversos testemunhos que confirmam essa dificuldade nas comunidades.[2]

A causa dessa controvérsia era decidir o dia da comemoração anual do mistério pascal: se deveria ser celebrado no dia 14 do mês de Nisan, primeiro dia da lua cheia do primeiro mês da primavera, independentemente de um dia certo da semana, ou no domingo seguinte ao 14 de Nisan.

O primeiro costume era observado pelos cristãos da Síria e da Ásia Menor. O segundo era celebrado em Roma, na maior parte das igrejas. O primeiro grupo era representado pelos bispos da Ásia Menor: Policarpo de Esmirna († entre 156 e 168) e Polícrates de Éfeso († 200); o outro era liderado pelos papas Aniceto († 166) e Victor (cerca de 200). Ambos invocavam a seu favor a Tradição Apostólica, embora os nomes dos Apóstolos citados variassem de um grupo para outro.

Daqui pode-se concluir que se mencionava uma festa pascal cristã no século II, embora fosse celebrada desde o século I, conforme o testemunho da História Eclesiástica de Eusébio de Cesareia.[3]

Os dois grupos celebravam uma festa litúrgica com uma ceia eucarística que terminava o jejum preparatório. Embora com datas diversas, as duas modalidades tinham o mesmo fim: celebrar o Mistério Pascal em sentido pleno. Os que celebravam no dia 14 de Nisan acentuavam a morte e paixão de Jesus; e o grupo de Roma e das demais Igrejas enfatizavam a ressurreição e glorificação de Cristo.

---

[2] Cf. CASEL, O., Epistola Apostolorum, aparecida entre 156 e 140. Melitão de Sardes († antes de 190) e Apolônio de Hierápolis († 170).

[3] *Historia ecclesiae* V, 23-25, SCWARZ, E., 5ª ed., 1952, 209-214.

O Concílio Ecumênico de Niceia, em 325, colocou fim às disputas sobre a data da Páscoa, prescrevendo que deveria ser celebrada no domingo depois da primeira lua cheia da primavera.[4] Essa determinação evitou que a celebração da Páscoa Cristã fosse celebrada no mesmo dia da Páscoa Judaica.

Recentemente, surgiu o desejo de fixar a data da Páscoa. Esse desejo nasceu da convicção de que a festa da ressurreição de Cristo tem por objeto um acontecimento histórico, por isso uma comemoração anual, conforme a distribuição do tempo determinado pelo ciclo solar, deveria ser celebrada na mesma data do ano solar. O estreitamento entre os povos e continentes com os modernos sistemas econômicos exige uma rigorosa distribuição do tempo e determina uma uniformidade segura entre os períodos de trabalho e os períodos de lazer. Para as leis de mercado e estatísticas de trabalho, para o cálculo da produtividade e o planejamento a longo prazo, a irregularidade dos dias festivos é um multiplicador de dificuldades. Por causa disso, o Concílio Vaticano II prescreveu: *O Sagrado Concílio Vaticano II, tendo na devida conta o desejo expresso por muitos, no sentido de dar à festa da Páscoa um domingo determinado e de se estabelecer um calendário fixo, depois de ter ponderado maduramente as consequências que poderão resultar da introdução do novo calendário, declara o seguinte:*

"1. O Sagrado Concílio não se opõe à fixação da festa da Páscoa em um domingo certo do Calendário Gregoriano, com o consentimento dos interessados, principalmente os irmãos separados da comunhão com a Sé Apostólica.

2. Igualmente declara não se opor à iniciativa para introduzir um calendário perpétuo na sociedade civil" (*Sacrosanctum Concilium* 747-748).

Para uma fixação da festa da Páscoa, sabemos das dificuldades de precisar com segurança a data da Ressurreição de Cristo. As dificuldades históricas sobre a biografia de Jesus abrem uma série de pro-

[4] Cf. RIGHETTI II, 208.

babilidades conforme os diversos estudos e descobertas científicas que já apareceram e poderão ainda aparecer.

Quanto ao consentimento dos irmãos separados, há muitas dificuldades por causa do enfoque que se dá mais ou menos à paixão e morte e à ressurreição. As Igrejas Orientais não chegaram a um acordo nas assembleias e acharam difícil uma data comum para todas as Igrejas.

Há constatação de que a lei cerimonial do Antigo Testamento foi ab-rogada com a morte de Jesus. É a essa lei que se deve atribuir a possibilidade pela determinação da festa da Páscoa Judaica segundo os ciclos da lua. Paulo, em suas cartas, não deixa dúvida de que um cristão não pode se submeter às autoridades dos costumes do Antigo Testamento: *"Então, que ninguém pense em criticar vocês sobre questões de alimento e de bebida, ou em matéria de festas anuais, de luas novas ou de sábados, isso não é mais que a sombra das coisas que deviam vir, mas a realidade é o Corpo de Cristo"* (Cl 2,16.17).

A liturgia do tríduo sacro constitui assim o núcleo da celebração do Mistério Pascal e que, posteriormente, com o Domingo de Ramos e os três dias que o seguem, vão constituir o que chamamos hoje de SEMANA SANTA.

Quanto ao nome escolhido para a festa da Páscoa, a língua latina adotou o termo grego *Pascha* derivado do hebraico *pesha.*

2. A teologia da Semana Santa

Como se pode compreender o sentido e a teologia desta semana que nós chamamos de santa?

A tradição do povo quis recordar os últimos acontecimentos históricos de Jesus de Nazaré. Não se trata apenas de recordar fatos passados, mas de um memorial que deve ser atualizado pelos fiéis. A Semana Santa é semana do encontro com o Cristo-Ressuscitado: nas celebrações litúrgicas, em sua Palavra e na pessoa dos irmãos da comunidade. As celebrações religiosas são a recordação dos últimos acontecimentos da vida terrestre de Jesus de Nazaré. Cada dia da semana é um fato a ser recordado e atualizado.

Trata-se da celebração do Mistério Pascal em sua globalidade, sem fragmentações, embora cada dia seja dedicado a um dos aspectos particulares. Havia e ainda há o perigo de romper a unidade do Mistério, separando excessivamente a celebração da morte da celebração da ressurreição. A leitura de episódios dos evangelhos pode ter uma repercussão nefasta sobre o total da celebração litúrgica e na vida de cada um de nós.

A liturgia da Semana Santa não é um simples jogo de representação teatral, mas atualiza sempre o único Mistério Pascal que não pode ser fragmentado. Por questão metodológica e para maior compreensão dos leitores, vamos tratar da Semana Santa como está nos moldes de hoje, esquecendo que a celebração do tríduo sacro tem seu núcleo mais representativo e cronológico do Mistério Pascal.

III. OS DIAS DA SEMANA SANTA

1. O Domingo de Ramos na história

No século IV, já encontramos em Jerusalém notícias sobre uma celebração que procurava recordar o mais exatamente possível a entrada de Jesus de Nazaré na cidade.[5] Na descrição desse ingresso do Senhor em Jerusalém não se fala em uma celebração eucarística.

---

[5] ... quando começa a hora undécima, lê-se o trecho do evangelho no qual as crianças, com ramos e palmas, vão ao encontro do Senhor, dizendo: "Bendito o que vem em nome do Senhor". Logo o bispo se levanta e o povo também. Depois, do alto do monte das Oliveiras, faz-se a pé toda a caminhada à frente, com hinos e antífonas, respondendo sempre: "Bendito o que vem em nome do Senhor". Todas as crianças do lugar, mesmo as que ainda não sabem andar, por serem pequenas demais e que são carregadas nos braçoes pelos pais, todas trazem ramos, uns de palmeira, outros de oliveira: assim a multidão acompanha o bispo do mesmo modo como naquele dia o Senhor foi acompanhado. Do alto do monte até a cidade e daí, atravessando-a toda, até Anastasis, todos fazem o percurso inteiramente a pé, mesmo se são damas ou personagens insignes. Desta forma, acompanham o bispo respondendo aos salmos. Assim, andando devagar para que o povo não se canse, chega-se a Anastasis quando já era escuro. Ao chegar, embora seja tarde, celebra-se o lucernário, faz-se ainda uma oração à Cruz e despede-se o povo (ETHERIE, Journal..., cit., 31, 24: ed. H. Pétré, cit., 223).

Menciona-se apenas uma oração à cruz depois do lucernário. Essa procissão tinha um grande sucesso.

No Oriente, todo o dia do domingo estava ligado ao tema dessa entrada. Essa procissão assume naturalmente o caráter de uma dramatização. No Egito, a cruz será carregada em triunfo: em Jerusalém, o bispo percorre as ruas montado em um jumentinho.[6]

Esses costumes passarão do Oriente para a Espanha e daí para a Gália. Assim, no século VII, encontramos na Gália o Domingo de Ramos celebrado com toda a solenidade. Os Livros litúrgicos nos contam uma bênção dos ramos sobre o altar, sem falar da procissão. Esta, contudo, é claramente atestada no século IX.

Em Roma, entretanto, no domingo que antecede à Páscoa, se lê o evangelho da Paixão do Senhor. Assim, aos poucos, a atenção da comunidade cristã se concentra sobre a Paixão, como se vê nos 19 sermões de S. Leão Magno, pronunciados por ocasião da Paixão. Em Roma, o Domingo de Ramos se torna assim o domingo *De Passione*. Todavia, com a chegada do Pontifical romano-germânico, do século X, e sua introdução em Roma, por volta do século XI, a procissão dos ramos se torna um costume.

O Pontifical Romano do século XII nos descreve o que acontecia na mesma época na Gália e em Mogúncia. As Igrejas de Roma adotam oficialmente essa procissão. Na basílica papal de Latrão, a liturgia de ramos é celebrada com certa discrição. O Papa benze os ramos em uma capela de seu palácio e a procissão se dirige à basílica para a eucaristia. Os fiéis seguram nas mãos os ramos e caminham cantando antífonas.

2. A celebração do Domingo de Ramos nos dias de hoje

O Vaticano II restaurou a ordem dos domingos da Quaresma. De fato, na segunda metade do século VII, o quinto domingo da Quaresma começou a chamar-se primeiro domingo da Paixão ou Domingo de Ramos. O Vaticano II recolocou em vigor o quinto domingo da

---

[6] A. BAUMSTARK. *Liturgie comparée*, Principes et méthodes pour l'étude historique des liturgies chrétiennes. Paris, Chevetogne, 1953, 158-159.

Quaresma antes da Páscoa: chama-se agora Domenica in Palmis de Passione Domini.

Essas modificações na liturgia deste domingo suscitam um problema antigo. A antiga tradição romana celebrava, antes de tudo, a Paixão do Senhor, no domingo antecedente à Páscoa. Na lógica dos fatos ocorridos seria melhor celebrar apenas a entrada do Senhor em Jerusalém, como se fazia na Espanha, na Gália e no Oriente. Em Roma, as comunidades estavam afeiçoadas à celebração do Domingo da Paixão, considerada como uma síntese do que se haveria de celebrar, em detalhes, durante a semana imediatamente seguinte. A liturgia romana integrou na celebração do Domingo da Paixão também a entrada de Jesus em Jerusalém.

A reforma do Vaticano II prevê três tipos de formas de celebração da entrada de Jesus em Jerusalém:

a) A primeira forma consiste em uma procissão que vem de fora e tem como ponto de partida um lugar de reunião dos fiéis, fora da igreja. A celebração se inicia com um cântico, por exemplo, *Hosanna filio David*. O celebrante saúda os presentes e os convida a participar ativamente da celebração, dando significado ao que se recorda e se quer atualizar hoje.

Há proclamação do evangelho que conta a entrada de Jesus em Jerusalém e se inicia a procissão para dentro da igreja. Chegando ao altar, que pode ser incensado, omite-se o rito de introdução e se diz a oração da missa. O sacerdote, desde o início da celebração, deve usar paramentos de cor vermelha e não mais roxa.

b) A segunda forma tem como cenário a própria igreja. Há uma entrada solene, os fiéis estão reunidos diante da porta da igreja, levando nas mãos ramos de oliveira ou de palmeira. Benzem-se os ramos, proclama-se o evangelho. Tudo se faz em um local apropriado no corpo da igreja e, depois, o celebrante se dirige à cadeira, onde reza a coleta da missa.

c) A terceira forma é mais simples e consiste em um canto de entrada que comemora a entrada de Jesus em Jerusalém. Onde não se puder realizar nem a procissão nem a entrada solene na Igreja, pede-se que se faça uma celebração da palavra que recorde o episódio da vida de Jesus que se quer comemorar.

O Ordo do Vaticano II suprimiu a proclamação do relato da Paixão na terça e na quarta-feira santas. Mas é proclamado no Domingo de Ramos, conforme um dos relatos dos Sinóticos.

3. Segunda, Terça e Quarta-feira Santas

A celebração da segunda-feira e terça-feira da Semana Santa não remonta aos primeiros tempos da liturgia da Igreja. Esses dois dias tiveram também um formulário próprio de missa, conforme o Sacramentado Gelasiano.[7]

A Quarta-feira, porém, tinha uma celebração em que se fazia ao menos uma liturgia especial da Palavra. Temos assim duas celebrações: de manhã, uma reunião comunitária simples com a liturgia da Palavra. Ao anoitecer, uma celebração eucarística (missa).

4. A Quinta-feira Santa

a) A manhã da Quinta-feira Santa

A liturgia da manhã na Quinta-feira Santa conhece primeiro e apenas uma reconciliação dos penitentes. A seguir, poderá ser celebrada uma eucaristia para os que não podem observar o jejum até a missa da ceia. Introduz-se também uma consagração dos óleos.

Na Gália, até o fim do século VII, a bênção dos óleos realizava-se durante a Quaresma e não na Quinta-feira Santa.

b) A manhã da Quinta-feira hoje

O Vaticano II introduziu algumas modificações na reforma litúrgica de 1955. A bênção dos santos Óleos e a consagração do Crisma são ocasião para reunir o clero em torno do bispo. Assim, a Quinta-feira Santa torna-se um dia sacerdotal, com a renovação

---

[7] *Sacrumentarium Gelasianum*, n. 334-343: ed. L. C. Mohlberg, cit., p. 54s.

das promessas próprias dos sacerdotes, durante a missa crismal. E a concelebração durante a ceia vespertina é um sinal da unidade do sacerdócio.

Hoje, é muito importante que a missa do Crisma não seja celebrada apenas pelo bispo e pelo clero, mas se dê a todos a oportunidade de solenizar o sacerdócio comum dos fiéis, valorizando o ministério ordenado e os outros ministérios da Igreja. Devido às dificuldades em participar de duas celebrações no mesmo dia, uma de manhã e outra à noite, a celebração do Crisma pode ser antecipada para outro dia próximo da Páscoa.

c) A tarde da Quinta-feira Santa

A Quinta-feira Santa é um dia de Alegria, Amor e Gratidão. Recorda-se o exemplo de Jesus que quis lavar os pés dos discípulos, dando-nos o testemunho de serviço e humildade. Recorda-se principalmente a celebração da Ceia do Senhor, na qual ele se dá como Pão da Vida e Vinho da Salvação. Foi nessa ceia de despedida que ele nos deixou o sacerdócio ministerial, para a perpetuação de seu Corpo e Sangue no meio de nós, como Presença de Compromisso, Partilha e Missão.

Formação e evolução

Na Igreja Romana, a Quinta-feira Santa, até o século VII, marca o fim da Quaresma e do jejum penitencial e tem início, com a Sexta-feira Santa, o jejum infraPascal, na espera da ressurreição do Senhor.

Na parte da manhã da Quinta-feira Santa, a Igreja romana conhece apenas a reconciliação dos penitentes até o século VII. Não encontramos nenhum vestígio da comemoração da Ceia do Senhor. Era celebrada com todo o esplendor a liturgia eucarística como ápice da Páscoa do Cristo Ressuscitado. Os penitentes reconciliados são levados à mesa da eucaristia, à qual são admitidos de novo na noite de Páscoa.[8]

---

[8] Cf. Sobre a Reconciliação na Quinta-feira Santa, ver A. NOCENT. *O Sacramento da penitência e da reconciliação, em Anamnesis*, v. 4, 1989, p. 184.

O Concílio de Cartago, em 397, mostra-nos que a eucaristia é celebrada na Quinta-feira Santa. Conforme uma carta de Sto. Agostinho a Januário, constatamos que existem duas possíveis celebrações de missa: uma de manhã para aqueles que não podiam suportar o jejum até a meia-noite, e outra de noite.

A partir do século VII, podemos perceber a evolução da liturgia romana da Quinta-feira Santa, embora haja ainda muitas divergências entre os liturgistas.[9] Parece-nos que em Roma, naquela época, eram celebradas três missas: uma de manhã, outra ao meio-dia e outra de noite. A missa da consagração dos óleos, como a da noite, não possuía liturgia da palavra, mas começava imediatamente com a oferta.

O rito do Lava-pés já se encontra em Jerusalém em meados do século V. Depois, esse costume se propagou para o Oriente e Ocidente. A liturgia da Quinta-feira Santa sofrerá ainda dois acréscimos. O primeiro consistirá na trasladação solene do que restou das sagradas espécies para um "tabernáculo provisório", onde serão adoradas até a comunhão do dia seguinte.

Na antiga liturgia romana, conservava-se o que restava do pão consagrado em um cofre, que era depositado na sacristia, sem maiores sinais de honra. Durante a missa sucessiva, no início da celebração, o cofre era apresentado ao pontífice, após sua entrada; este venerava as sagradas espécies por uns instantes, e depois eram levadas ao presbitério para serem depositadas no cálice do vinho consagrado no momento da fração.[10]

Quando a devoção ao Santíssimo Sacramento aumentou, as espécies que sobravam receberam honras particulares. O papa Urbano IV, a partir da metade do século XIII, estendeu a toda a Igreja a festa do Corpo de Cristo (11 de agosto de 1264). O tabernáculo provisório da Quinta-feira Santa tornou-se ocasião para manifestação da adoração à Eucaristia. Quando a Quinta-feira Santa recebeu em sua

---

[9] Para compreensão das diversas tendências, cf. H. SCHMIDT. *Hebdomada Sancta*, cit., p. 733-736.

[10] M. ANDRIEU, *Les Ordines romani du haut moyen Âge*, II Lovaina, 1948, p. 82.

liturgia alguns sinais de tristeza, por exemplo, a abolição do som dos órgãos e das campainhas, o *"tabernáculo provisório"* foi considerado, pela devoção popular, como sendo sepulcro de Cristo, embora a liturgia não tivesse ainda celebrado sua morte.

O segundo acréscimo é a desnudação do altar, que representa o despojamento de Cristo na cruz, simbolizado pelo tirar as toalhas do altar, as flores e os ornamentos.

A celebração da Quinta-feira Santa hoje

As reformas litúrgicas do papa Pio XII, em 1955, já tinham reintroduzido, à noitinha, ou ao menos depois das 4 horas da tarde, uma celebração eucarística para recordar a instituição da Ceia do Senhor. As leituras ficaram as mesmas e não existia ainda a concelebração, a não ser na ordenação episcopal ou sacerdotal.

O Vaticano II fez uma reforma mais profunda. Alterou-se a oração inicial, ressaltando o fato da última Ceia; as leituras procuraram centrar-se sobre o fato da Ceia do Senhor. A primeira leitura recorda a celebração da Pesha judaica (Êx 12,1-8.11-14), que será *"transformada pelo Novo Cordeiro Pascal, criando um novo povo"*. A segunda leitura conta-nos a Ceia do Senhor conforme o relato de São Paulo (1Cor 11,23-26). O Evangelho nos relata a cena do Lava-pés dos discípulos (Jo 13,1-5), tornando-se um sinal claro do amor de Jesus pelos que o seguiam.

O costume do Lava-pés, imitando o gesto de Jesus, era antigo na Tradição da Igreja, desde o século IV aparece em todas as liturgias. O Concílio de Toledo (634) o exige com firmeza, mostrando ser uma obrigação em todas as igrejas da Espanha e da Sicília. A reforma do Missal, em 1970, tornou-o obrigatório em todas as celebrações da Ceia do Senhor, constituindo parte integrante do gesto de doação de Jesus, ato a ser recordado e atualizado nas comunidades de hoje. A Adoração ao Santíssimo Sacramento, que se faz ao fim da Ceia do Senhor, permaneceu como costume de acompanhar a memória de Jesus na angústia e na agonia daquela noite de Quinta-feira Santa.

5. A Sexta-feira Santa
Celebração da Morte do Senhor

a) Formação e evolução

A Igreja Antiga celebrava a Sexta-feira Santa como comemoração da morte do Senhor. Temos testemunho do século IV, com detalhes que serão decisivos para a liturgia romana.[11]

Até esse tempo, o centro da celebração era a liturgia da Palavra. O roteiro dessa celebração nos aparece descrito por Justino, em sua *I Apologia*. Temos nesse roteiro o núcleo primitivo de nossa liturgia da Palavra, fundamentado em linhas gerais sobre a celebração hebraica da manhã do sábado.[12]

A primeira parte da celebração da manhã da Sexta-feira Santa conservou essa estrutura, exceto algumas variantes: leituras, cantos, homilias, orações solenes e uma das formas da chamada *"Oração Universal"* atual.

Na Liturgia de Roma encontramos uma prostração do bispo, que nesta hora rezava em silêncio, depois uma primeira leitura seguida de um *Tractus*, depois uma segunda leitura, que precedia o canto da Paixão, e, por fim, as orações solenes.

A liturgia romana sofre, porém, o influxo do relato feito por Egéria em seu *Itinerarium* ou *Peregrinatio ad loca sancta*, que aparece no século IV. Em seu diário, Egéria descreve o que acontecia na Sexta-feira Santa, em Jerusalém, onde se venerava a Cruz de Cristo: "Coloca-se uma cátedra para o bispo, atrás da Cruz, onde ele se acha naquele momento. O bispo senta-se na cátedra. Diante dele se prepara uma mesa coberta com um pano de linho; os diáconos ficam de pé em torno da mesa; é trazido um estojo de prata dourada, onde se guarda o santo lenho da Cruz; o estojo é aberto e exposto. Coloca-se sobre a mesa o lenho da Cruz e a inscrição. Depois de os ter posto sobre a mesa, o bispo, permanecendo sentado, apoia as mãos nas extremidades do santo lenho, e os diáconos, de pé ao redor, vigiam.

---

[11] Dizionário Patristico et di Antichitá. v. 1. Casale Monferratto, 1983, col. 1.108.

[12] Apologia I. Ed. L. Partigny. Paris, 1904, p. 142-143 (Textes et documents 1).

O motivo dessa vigilância é este: é costume que todos os fiéis e catecúmenos se aproximem, um por um, e, inclinando-se sobre a mesa, beijem o santo lenho e depois se retirem; ora, narra-se que, não sei quando, alguém, com uma mordida, levou um fragmento do santo lenho: por esse motivo, os diáconos que estão ao redor prestam atenção para que ninguém, ao se aproximar, ouse repetir tal gesto. Assim todos desfilam, um por um, em frente à Cruz: inclinam-se, tocam primeiro com a fronte, depois com os olhos, a Cruz, a inscrição, depois beijam a Cruz e se retiram, mas ninguém a toca com as mãos.[13]

Os livros litúrgicos não mencionam nenhum cântico de acompanhamento para a veneração da Cruz. Somente depois do século VII aparece um cântico, o da antífona *Ecce Lignum crucis*, com o Salmo 118. Nesses livros não se fala do uso de cobrir ou descobrir a cruz. A origem desse uso e seu significado são obscuros, embora seja fácil de intuir a dramatização que se dava a tal cerimônia.

Não se comungava nesse dia da Sexta-feira Santa até o século VII. No ORDO XXIII (700-750) encontramos a seguinte rubrica: nem o Papa nem os bispos comungam na Sexta-feira Santa. Quem desejar comungar, deve fazê-lo consumindo o que foi conservado da eucaristia celebrada na Quinta-feira Santa. Quem não deseja comungar dessa forma, pode ir às outras igrejas de Roma.[14]

Estamos assim diante de um duplo costume. Na liturgia romana da época, havia o costume de se comungar sob as duas espécies. Os documentos antigos falavam em termos explícitos sobre a *reserva do pão e do vinho consagrados*.

b) A celebração da Sexta-feira Santa hoje

A reforma litúrgica de Pio XII, em 1955, introduziu a comunhão aos fiéis. No mais, conservou a maior parte dos costumes anteriores. O Vaticano II fez profundas modificações nessa liturgia. A celebração já tinha sido fixada na parte da tarde pelo ORDO precedente. Havia também a possibilidade de se fazer a liturgia da Palavra na

[13] ETHERIE, *Journal de Voyage*, 37, 1-3: Ed. H. Pétré (SCH 21, 233, 235) Paris 1948.

[14] M. ANDRIEU, *Les Ordines romani*... cit. 272 (ORDP XXIII).

parte da manhã e deixando para a tarde a veneração da cruz e a comunhão. Os motivos pastorais, no entanto, exigiram que se fizesse uma só cerimônia, para não obrigar as pessoas a se reunirem duas vezes no mesmo dia.

Nesse dia não há assim celebração da eucaristia-missa, mas apenas a Comemoração da paixão e morte do Senhor. Essa atitude de respeito pelo jejum, pela abstinência, tristeza e pelo silêncio é feita na Esperança. Pela morte veio a Vida; pelo fracasso aparente, a salvação dos homens. Esse Mistério da salvação dos homens pela morte do Filho de Deus é loucura para quem vive em uma sociedade de consumo, de produção, de sucesso e de glórias efêmeras. Mas *aquilo que é loucura de Deus é mais sábio que os homens, e o que é fraqueza de Deus é mais forte que os homens* (1Cor 1,25).

A celebração da Morte do Senhor consta de leituras bíblicas (Is 52,13 até 53,12; Hb 4,14-16; 5,7-9) e da narração da Paixão do Senhor (Jo 18,1-19,42). Logo após a liturgia da palavra, fazem-se as *Preces da Igreja Universal*. Essa oração universal mostra a dimensão da catolicidade da Igreja como a grande Comunidade. Seguem-se a *Adoração da Cruz* e a *Liturgia da Comunhão*. A Sexta-feira Santa é um convite ao respeito e à simplicidade, recordando a Morte do Senhor. Só entende a Vida quem compreende o Mistério da Dor e do Sofrimento. Comemorar morte do Senhor é comprometer-se com o Cristo Verdade e Vida, que nos dá o sentido do *Transcendente e do Eterno*. O Mistério da Redenção ganha sentido maior na ressurreição, ou seja, na passagem do mundo da tristeza para a Alegria, da escravidão para a Liberdade, das trevas para a Luz, do egoísmo do pecado para Vida de Amor.

6. Sábado Santo

O Sábado Santo foi considerado um dia sem liturgia, no qual não se celebra a eucaristia. O fato de não se celebrar a eucaristia não era anormal no início do cristianismo, pois não era celebrada habitualmente. Havia apenas, nesse dia, o último exorcismo solene feito pelo bispo, conforme nos testemunha Hipólito de Roma.[15]

[15] HIPÓLITO DE ROMA, La Tradition Apostolique, 20, 43.

No tempo de Inocêncio III († 1216), a celebração da vigília vinha fixada em detalhes, com 12 leituras. No século VII, a Vigília Pascal tinha início na tarde do sábado, embora se esperasse a noitinha para se celebrar a eucaristia. As leituras começavam pelas duas horas da tarde, havia a bênção do fogo novo e o cântico do *Exultet*.

Essa antecipação da liturgia tinha uma série de consequências negativas, pois os textos da celebração falavam em "feliz noite", e a cerimônia se passava em plena luz do dia. O papa Pio V proibiu celebrar a eucaristia de tarde, e assim alguns começaram a celebrar a Vigília no sábado cedo. O papa Urbano VIII suprimiu a festa como preceito, acabando assim com a popularidade da Vigília. Foi por causa desses percalços que a reforma Litúrgica de Pio XII e o Vaticano II fizeram mudanças radicais nas celebrações.

7. A celebração do Tríduo Sacro

A partir do século IV iniciou-se a celebração do *Sacratíssimo Tríduo do Senhor crucificado, sepultado e ressuscitado*, conforme nos relata Santo Agostinho.[16] Santo Ambrósio de Milão já usara a expressão Triduum Sacrum.[17]

A expressão Tríduo Pascal começa a ser usada a partir de 1930. A celebração eucarística da noite de Quinta-feira Santa e as outras cerimônias, até a Vigília Pascal, formam um conjunto de unidade do mistério pascal, que levou o papa Leão Magno a definir a noite de Páscoa como *Pascale sacramentum*.[18]

a) O Sábado Santo

1. Origem e evolução

A Igreja primitiva celebrava todo domingo como a memória da ressurreição de Cristo. Não se tem nenhum testemunho sobre a celebração em um domingo preestabelecido como o dia da Ressurreição

---

[16] AGOSTINHO DE HIPONA, *Epist.* 55, 24: PL 33, 215.

[17] AMBRÓSIO DE MILÃO, *Epist*, 23, 12-13: PL 16, 1030.

[18] LEÃO MAGNO, *Serm.*, 72, 1: CCL 138 A, 441.

do Senhor, antes do século II. A partir do século II, encontramos testemunhos com detalhes sobre o modo de celebrar a Vigília Pascal. Recorda-se o jejum durante um ou dois dias que precedem a Vigília.[19]

Esse jejum não tinha conotação exclusivamente ascética. O jejum penitencial da Quaresma terminava na Quinta-feira Santa. Na Sexta-feira Santa começava um jejum na espera da ressurreição do Senhor.

A Didascalia dos Apóstolos nos dá detalhes desse costume: *Na Sexta-feira e no Sábado, vosso jejum será total e não tomareis alimento algum. Reuni-vos em comunidade, não durmais, vigiai a noite inteira com orações, súplicas, salmos, a leitura dos profetas, do evangelho e dos salmos... até as três horas da noite que segue o sábado. Só então cessará vosso jejum.*[20]

Examinando as fontes litúrgicas, podemos sintetizar que, bem cedo, três elementos marcavam a Vigília Pascal: a celebração da palavra, o batismo, a celebração eucarística.

2. A liturgia da palavra

A vigília das leituras é essencial para a celebração da noite pascal. Todas as liturgias apresentam uma grande variedade de textos, tanto no número como no tamanho. São tantos os detalhes nas liturgias copta, bizantina e romana, que não podemos entrar em pormenores.

3. O batismo

O costume de benzer a água é de origem muito antiga. Temos testemunhos do século II, III e IV, em que se pede que a água seja repleta do Espírito. Uma vez que era preciso ir das igrejas, onde era feita a liturgia da palavra, até o batistério, onde a água devia ser consagrada, começou-se a cantar uma ladainha para acompanhar a procissão. Aparece ainda a bênção do círio, quando os sacerdotes e diáconos, com as velas acesas, entram para o ofício das leituras. Há ainda o cântico do *Gloria in excelsis*.[21]

---

[19] TERTULIANO, *De Jeiunio* 2, 14; CCL 2, 1258, 1271.

[20] *Didascalia et Constitutiones Apostolorum*. Ed. F. X. Funk, Paderborn 1905, v. 1, 288.

[21] M. ANDRIEU, *Les Ordines romani*, cit., 190 (ORDO XVII).

4. A celebração da eucaristia

Conforme o testemunho de Justino, a celebração da eucaristia começa imediatamente depois dos sacramentos da iniciação.[22]

Ao lado dos três componentes fundamentais da Vigília Pascal (palavra, iniciação e eucaristia) foram acrescentados dois elementos simbólicos: a bênção do fogo novo e a procissão do *Lúmen Christi* com a *laus cerei*.

Para iluminar as basílicas, onde se reuniriam os fiéis para a celebração, o único meio era acender um fogo, do qual com tições tiravam a luz para iluminar o ambiente sagrado. Depois de apagar as lâmpadas, no fim do lucernário, era preciso pensar na luz para os ofícios do dia seguinte. Por isso, no século IX, encontramos em Roma uma bênção do fogo na Sexta-feira Santa. Na noite da Páscoa, essa bênção do fogo, como a do círio pascal e da água batismal são vislumbres da redenção que se celebra O cântico do *Exultet*, sob diversas formas, aparece no fim do século IV.

b) A Celebração da Vigília hoje

Antes da reforma litúrgica de 1955, a primeira parte da liturgia era reservada quase ao clero e aos ministros. Essa cerimônia tinha participação de apenas um grupo restrito de fiéis. Após a reforma de Pio XII e do Vaticano II, essas celebrações foram reformuladas.

A celebração da noite do Sábado Santo abrange diversas partes: 1. A celebração da luz; 2. A celebração do círio; 3. A liturgia da Palavra; 4. A liturgia Batismal; 5. A liturgia eucarística.

1. A celebração da luz

É o início da comemoração da Ressurreição do Senhor. Esse fato é a Nossa Vitória, garantia de nossa fé. As cerimônias são um convite à Alegria, à Esperança.

A bênção do fogo novo, tirado da pedra, é símbolo da luz, da fé que procede de Cristo, pedra fundamental da Igreja. Dele sai o fogo que ilumina e abrasa os corações. É um costume que se originou

---

[22] JUSTINO, *I Apol.* 65: ed. L. Pautigny, Textes et Documentes, I, Paris, 1904, 138.

na Gália (França) e pretende ser um sacramental substitutivo das fogueiras pagãs, que se acendiam no início da primavera, em louvor da divindade Votan, com a finalidade de se obter uma rica colheita dos frutos da terra.

O costume de se extrair fogo, golpeando uma pedra, provém da Antiguidade germânica pagã. A pedra passa a ser símbolo do Cristo que ilumina e abrasa os corações. Ele é a pedra angular que, sob os golpes da cruz, jorrou sobre nós o Espírito Santo.

O círio pascal

O círio pascal provém do costume romano de iluminar a noite com muitas lâmpadas. Essas lâmpadas passam a ser símbolo do Senhor Ressuscitado dentro da noite da morte. Originalmente o círio tinha a altura de um homem, simbolizando Cristo-luz que brilha nas trevas.

Os teólogos francos e galicanos enriqueceram-no com elementos simbólicos. Aparecem assim as inscrições de *Cristo, ontem e hoje, Princípio e Fim*, e a primeira e a última letra do alfabeto grego (alfa e ômega). Coloca-se ainda o ano litúrgico corrente, pois Cristo é o centro da História e a ele compete o tempo, a eternidade, a glória e o poder pelos séculos.

Colocam-se, ainda, cinco grãos de incenso, em uma espécie de cravo de cera vermelha, rezando: *Por suas santas chagas, suas chagas gloriosas, Cristo Senhor nos proteja e nos guarde. Amém.* O sacerdote acende depois o círio, que é a Luz de Cristo. Entoa-se o refrão: *Eis a Luz de Cristo*. E todos respondem: *Demos graças a Deus!*

À porta da igreja, ergue-se o círio e canta-se, pela segunda vez: Eis a Luz de Cristo! E todos respondem: *Demos gra*ças a Deus!

Todos acendem suas velas no fogo do círio pascal e a procissão entra pela nave da igreja, que está nas trevas. Chegando ao altar, entoa-se, pela terceira vez, o canto: Eis a Luz de Cristo! E o povo responde: *Demos graças a Deus!*

Acendem-se então todas as luzes da igreja.

O cortejo, que se forma atrás do círio pascal, é repleto de símbolos. E alusão às palavras de João: *Eu sou a Luz do mundo; o que me segue não caminhará nas trevas, mas terá a luz da vida* (Jo 8,12). O círio, conduzido à frente, recorda a coluna de fogo pela qual Javé precedia na escuridão da noite o povo de Israel, ao sair da escravidão do Egito, e lhe mostrava o caminho (Êx 13,21).

Chegado ao altar, depois da solene entronização e incensação do círio, o sacerdote entoa a *Proclamação solene da Páscoa*, cantando o *Exultet*, tirado da palavra latina inicial desse canto solene. As ideias centrais desse canto, de autor desconhecido, são tiradas dos pensamentos de Santo Agostinho e de Santo Ambrósio. Canta as maravilhas da libertação do Senhor, vindo em socorro da humanidade e protegendo seu povo eleito. É um canto de louvor, ação de graças a Deus pelas maravilhas operadas na libertação do Egito. Esses fatos maravilhosos atingem sua plenitude pela vida, morte e ressurreição de Jesus, única Luz que ilumina todo homem que vem a este mundo. É o cântico da Vitória de Cristo que realizou a *Passagem, a Páscoa*, para a vida do amor e da fraternidade.

3. A liturgia da palavra

A liturgia da palavra abrange as leituras bíblicas, sendo duas do Novo Testamento, a Epístola e o Evangelho. É uma alusão ao mistério de nossa Libertação. Por razões de ordem pastoral, é aconselhável a omissão de algumas leituras. Pode-se diminuir o número de leituras do Antigo Testamento, mas nunca se deve omitir a narração da passagem do Mar Vermelho, por seu caráter de figura tipológica do mistério Pascal. Para cada leitura há um Salmo Responsorial e uma oração. Após a sétima leitura, que é a última do Antigo Testamento, acendem-se as velas do altar e o sacerdote entoa o canto *Gloria in excelsis*, juntando ao canto o som festivo dos sinos da igreja. Após a primeira leitura do Novo Testamento (Epístola), o sacerdote (ou outra pessoa indicada, ou o coral) entoa o cântico solene do *Alleluia*, quebrando o clima de tristeza que acompanhava o tempo da Quaresma. Esse canto solene, repetido gradativamente três vezes, em tom cada vez mais alto, representa a saída de Cristo da sepultura e a entrada solene no mundo da glória e da luz dos céus. Por fim, proclama-se o evangelho, contando o relato da ressurreição, lato central da fé cristã.

4. A liturgia batismal

Após a liturgia da palavra segue-se o batismo de alguns fiéis perante a comunidade. É o momento justo para a celebração do sacramento do batismo, como entrada solene na comunidade daqueles que acreditam no Cristo ressuscitado.

A apresentação dos candidatos à comunidade e o cântico da ladainha de Todos os Santos mostram a universalidade da Igreja. A bênção da água batismal é feita com o simbolismo do mergulho do círio pascal na água, dando-lhe a força do Espírito Santo.

A renúncia do mal e a profissão solene de fé dão um caráter participativo à comunidade. Caso haja batizado de adultos, eles recebem também o sacramento da confirmação pela imposição das mãos do ministro do batismo, caso o bispo esteja presidindo a celebração. Quando não há batismo-confirmação, sempre se benze a água, que é levada solenemente até a pia batismal. É feita ainda a aspersão da água benta, recordando o batismo que deve ser renovado pela contínua inserção na fé e renúncia ao mal.

5. Liturgia eucarística

A liturgia eucarística, com a apresentação das oferendas e a prece, atinge o clímax da celebração pascal. O prefácio exalta o verdadeiro Cordeiro, que, morrendo, destruiu a Morte e, ressuscitando, deu-nos uma Vida Nova. Toda a prece eucarística é plena de alegria, louvor e ação de graças, pois Cristo se faz presente pessoalmente e não apenas nos sinais-símbolos.

A presença do Ressuscitado se faz atuante no ósculo da Paz, recordando Jesus que dirige a saudação aos discípulos na tarde do dia da Ressurreição.

c) O domingo de Páscoa

No início do cristianismo, o domingo de Páscoa não tinha uma liturgia própria, porque a celebração pascal se desenvolvia até a madrugada. Após a reforma litúrgica de 1955 e 1970, o domingo passa a ser considerado como uma festividade verdadeira e própria.

A celebração desse dia é plena de alegria e esperança. As leituras são sempre as mesmas em todos os ciclos anuais. A sequência pascal marca a emoção e a esperança da comunidade. Jesus Cristo é o vencedor da Morte. Ele rompeu as barreiras do tempo e do espaço. Ele é um convite a nossa ressurreição.

Em muitas comunidades, muitos fiéis não tomaram parte no Tríduo Sacro. Por isso os sacerdotes e a comunidade precisam tomar consciência da unidade da morte e ressurreição de Cristo como sendo um todo do Mistério Pascal.

IV. A SEMANA SANTA E O FOLCLORE

A Semana Santa possui uma série de tradições que revelam alguns aspectos da religiosidade popular.

Esses costumes do povo vão ganhando conotações que variam conforme os diversos lugares. Alguns são de origem religiosa e, através dos tempos, vão perdendo sua identidade primitiva. Outros são revestidos de elementos do folclore e vão ganhando características próprias com o fenômeno da urbanização, secularização e até certo secularismo.

Examinemos alguns desses costumes e símbolos.

1. Procissões da Semana Santa

As procissões religiosas, desfiles de fiéis, seguindo andores ou acompanhando imagens de santos padroeiros, são uma constante no Brasil, desde 1549.

Quando Tomé de Sousa colocou o pé em terra, tomando posse das novas povoações, o fez solenemente, não em passo militar, mas em forma de romaria ou procissão.

Os jesuítas adotaram e propagaram tais atos devocionais, às vezes com caráter festivo, às vezes de cunho penitencial, para atrair os índios e a edificação dos colonos.

As procissões são assim, formas de piedade popular que ocupam grande destaque no sentimento religioso de nosso povo. São muito frequentes nas festas dos padroeiros e santos das cidades e, de maneira especial, na Semana Santa.

a) Procissão de Ramos

A bênção e a procissão de Ramos são um memorial e uma atualização do fato ocorrido em Jerusalém. Jesus entra na cidade cavalgando a montaria dos pobres – o jumento. Ele veio não para ser servido e dominar pela força, mas para servir e dar exemplo de doação e de amor. Há o costume popular de conservar os Ramos nas casas para se queimarem em dias de tempestades, como proteção contra raios e trovoadas. É sinal de nosso compromisso com o Cristo que nos ensina o amor a Deus e a dedicação aos irmãos.

b) Procissão do Depósito

Em algumas cidades do interior do Brasil há o costume de se levar a imagem do Senhor dos Passos ou de Nossa Senhora das Dores para outra capela ou igreja, que não seja a matriz. Essa procissão acontece no Domingo de Ramos, à noite, ou na terça-feira santa. Faz-se uma procissão onde se canta, reza-se, e as imagens são levadas para uma capela chamada de Depósito.

Em algumas cidades do Vale do Paraíba, como Guaratinguetá, essa procissão noturna se chama também de *Transladação*. As imagens de Nossa Senhora das Dores e do Senhor do Passos são transferidas das igrejas para outras capelas da cidade.

Em Guaratinguetá, a procissão do Senhor dos Passos leva a imagem do Cristo da Capela do Cemitério dos Passos para a Igreja de São

Benedito, onde será velada por toda a noite. Ao passar pela Matriz de Santo Antônio, outra procissão sai dessa igreja, a de Nossa Senhora das Dores, que é seguida só por mulheres e vai até a Igreja das Graças.

Há o costume de alguns acompanhantes da procissão dos passos levarem velas acesas e plantas características da Semana Santa, como: arruda, manjericão, alecrim, guiné e sálvia. Essas plantas adquirem poderes sobrenaturais e curativos para diversos males do corpo e do espírito.

As imagens que seguem nessas procissões são de tamanho natural, datadas do início do século XIX ou do final do século XVIII. São de bela roupagem bordada em cetim ou veludo e de muito valor artístico. Essas imagens são de grande realismo, com a presença de cabelos, pestanas, olhos de vidro e resinas aparentando sangue.

c) Procissão do Encontro

Na Quarta-feira Santa, à noite, existe uma tradição muito antiga e comovente que se faz na maior parte das cidades do interior do Brasil. É a procissão do encontro entre Nossa Senhora das Dores e o Bom Senhor Jesus dos Passos.

As mulheres fazem uma procissão carregando a imagem de Nossa Senhora das Dores, com cantos penitenciais, com as figuras bíblicas das "mulheres piedosas": Verônica, que teria enxugado o rosto ensanguentado de Jesus em uma toalha, na qual ficou estampada sua face; Maria Madalena e outras mulheres que acompanharam a caminhada de Jesus para o Calvário.

Outra procissão é feita só pelos homens, que carregam a imagem do Senhor dos Passos, figura de Jesus Cristo coroado de espinhos, ensanguentado, escarrado e carregando uma cruz às costas. Em determinado local, ou praça, se dá o encontro. Um pregador faz a dramatização da cena, recordando o que aconteceu na Sexta-feira Santa. Faz um apelo à conversão, recorrendo à dramaticidade da dor de Nossa Senhora e das Dores e dos sofrimentos de Jesus. O sermão tem o costume de ser mais exortativo e até moralizante. Após o sermão, a Verônica entoa um hino e mostra a toalha ensanguentada com a face esculpida no pano.

d) A cerimônia do Lava-pés

A cerimônia do Lava-pés vem educar a comunidade para o serviço. Essa cerimônia costuma ser bem dramatizada pela piedade popular. O celebrante representa Jesus de Nazaré que lava os pés de seus discípulos.

Em algumas comunidades, os Apóstolos são caracterizados por 12 homens ou meninos, vestidos conforme a época de Jesus, e recebem um pão abençoado. É a parte mais concorrida e participada por nosso povo, recordando a instituição da Ceia, as últimas palavras de Jesus e seu gesto de humildade e serviço.

Após a celebração da eucaristia, dá-se a desnudação dos altares. O Santíssimo Sacramento é levado para um altar lateral ou uma capela, sendo acompanhado por uma pequena procissão no interior da igreja, ao som das matracas, cuja origem está ligada às catacumbas dos antigos cristãos.

Após a procissão, os altares são despidos de toalhas, flores e ornamentos; e se cobrem com panos roxos os crucifixos e as imagens.

O Santíssimo Sacramento é velado com orações e cantos, durante toda a noite e até a hora da celebração da morte do Senhor, na Sexta-feira Santa.

Essa vigília é muito concorrida por todos os membros da comunidade, substituindo os discípulos que acabaram caindo no sono naquela noite da prisão e dos sofrimentos de Jesus de Nazaré.

e) A Procissão do Fogaréu

Em algumas cidades, como em Goiás Velho, logo após a celebração da eucaristia, faz-se a procissão da prisão ou do fogaréu. Os homens, envolvidos em capuzes brancos, saem pela cidade com tochas acesas, representando a prisão de Jesus no Horto das Oliveiras. São dramatizações, representando os soldados que, naquela noite, saíram à procura de Jesus pelo Horto das Oliveiras e arredores de Jerusalém. Os homens, vestidos de capuzes brancos, com tochas acesas na escuridão, dão um toque de dramaticidade e de recordação daquela noite, em que Jesus de Nazaré foi traído por um discípulo, Judas Iscariotes, que conduziu os sacerdotes e soldados na captura do Mestre.

f) A Procissão do Senhor Morto

Essa celebração dramática acontece na Sexta-feira Santa. Prepara-se um Calvário, com o Senhor Crucificado, acompanhado de algumas figuras bíblicas.

Em geral, aparecem a figura de Maria, Mãe de Jesus, caracterizada como a Senhora das Dores. Tem-se o costume de se colocar Maria Madalena, Verônica, São João Apóstolo e, em alguns lugares, colocam-se ainda as figuras de Abraão e de Moisés, representando o Antigo Testamento.

Abraão vem ainda acompanhado pela figura de Isaac, com o feixe de lenha, representando o sacrifício que Javé pedira a Abraão no Antigo Testamento. Moisés representa toda a Lei.

O pregador representa de forma dramática a Morte de Jesus, fazendo alusão as suas 7 últimas palavras. Algumas personagens, representando os discípulos, ajudam a tirar o crucificado da cruz, após a pregação que o sacerdote faz para cada gesto da descida da cruz. Tiram-se a coroa de espinhos, os cravos, os braços e depois todo o corpo. As personagens que despregam o crucificado têm o costume de se vestir com uma túnica branca e com um capuz na cabeça.

Após o sermão da descida da cruz, o corpo de Jesus, simbolizado pela imagem, é colocado em um esquife funerário. Em silêncio e, com muita dor e piedade, é acompanhado em procissão pelas pessoas.

A procissão é seguida em silêncio, ao som das matracas e com cânticos de dor e de piedade. A devoção popular faz dessa celebração o ponto alto da Semana Santa. Todos acompanham e rezam, como se fosse de fato um enterro real.

Há ainda o costume de se beijar o Senhor Morto após a chegada à Igreja, com clima de piedade, tristeza e meditação.

Existem algumas tradições populares que são marcantes na Sexta-feira Santa. Ao meio da Sexta-feira Santa, muitos já vão à igreja para o beijamento do Senhor Morta. Geralmente é uma imagem de tamanho natural, com cabelos naturais, que está deitada em um esquife, com lençol e fronha bordados de roxo. Nossa Senhora das Dores está colocada próxima ao Senhor Morto, em pé, e se tem o costume de se trocar o dinheiro que se dá de esmola por outra moeda de valor menor "que se guarda durante o ano todo para não ficar pobre".

Há ainda o costume de levar uma fita estreita ou até barbante para medir a altura das imagens. Essa medida é posteriormente usada na cintura da pessoa, em geral duas voltas, para curar "puxamento" ou asma, ou mesmo outros males ligados ao corpo.

Alguns fazendeiros não tiram leite nesse dia ou, quando tiram, dão para os pobres ou para o asilo.

Interessante notar a figura da Verônica que se veste de preto, com o rosto coberto, acompanhada por um grupo de mulheres chamadas *Beús*. A função dessas mulheres é representar as mulheres de Jerusalém e responder ao canto de Verônica.

g) A Procissão da Ressurreição

Em algumas cidades do Brasil há o costume de se fazer a procissão do Cristo-Ressuscitado logo após as cerimônias do Sábado Santo. Em outras, essa procissão é feita bem de madrugada, no Domingo da Ressurreição, ao nascer do sol. Leva-se o Santíssimo Sacramento ou então uma imagem do Cristo-Ressuscitado.

Normalmente, há uma banda musical que entoa cânticos de vitória, hinos marciais religiosos. Tem-se o costume de soltar foguetes e o repicar solene dos sinos. Essas procissões estão desaparecendo nas grandes e médias cidades.

2. Malhar o Judas

São bonecos de palha ou de pano, que são rasgados e queimados no Sábado da Aleluia. É uma tradição antiquíssima e muito popular na Península Ibérica que se espalhou por toda a América Latina, desde o início da colonização.

Os Judas, no Rio oitocentista, tinham fogos no ventre e apareciam conjugados com demônios, ardendo em uma explosão apoteótica, sendo extremamente aplaudida pelo povo. Os Judas eram pendurados nos galhos de árvores ou postes, logo depois que os sinos anunciavam o canto do Aleluia, depois do fim da missa. O Judas queimado é uma personificação do mal e constitui vestígios dos cultos agrários, espalhados pelo mundo.

Registram-se festas de alegria, nas proximidades do equinócio de verão, princípio ou fins das colheitas, para obter os melhores frutos dos trabalhos do campo. Havia o costume de se queimar manequins representando o deus da vegetação. Pela magia simpática, o fogo é o sol, e o processo se destinava a garantir às árvores e plantas o calor e a luz indispensáveis, submetendo a figura ao poder das chamas.

Com vários nomes, Homem da Quaresma, Judas da Quaresma, Homem de Palha etc., o sacrifício do apóstolo mau é uma convergência de tradições vivas no universo agrícola.

No Brasil, é um costume muito antigo, desde o século XVIII. Havia o costume de se fazer o julgamento de Judas, sua condenação e execução. Antes do suplício, alguém lê o Testamento do Judas, que é colocado no bolso do boneco. O testamento é uma sátira das pessoas e coisas locais, com graça e humor para quem pode identificar o autor anônimo.

Em algumas cidades, como São Paulo, o Judas costuma ser a figura de algum político ou homem público, que o povo considera como traidor da comunidade. Esses bonecos são arrastados, enforcados e queimados, personificando aqueles que atrapalharam a vida do povo no ano que passou.

3. Alguns símbolos da Páscoa

A festa da Páscoa possui uma série de símbolos que fazem a cidade e a população viverem um clima especial. São sinais-símbolos que aparecem nas lojas e nas vitrinas, que muitas vezes comercializam o sentimento religioso; e esses símbolos acabam se transformando e perdendo seu sentido original.

Vamos apresentar aqui alguns que já não são tão conhecidos, e que acabam perdendo o espaço e o sentido religioso.

a) O peixe e os peixinhos

O Peixe é um dos símbolos mais antigos dos primeiros cristãos, ao se referirem a Jesus Ressuscitado. Na época das primeiras perseguições, a palavra peixe, escrita em grego, passou a ser lida como: Jesus Cristo Filho de Deus Salvador: ICTYS: Iesoús Christós Theóu Yiós Sotér. Assim, nas casas, nas roupas, nas conversas e nos túmulos, a figura e a palavra PEIXE passaram a ocupar um lugar de destaque. O simbolismo do peixe serviu ainda para recordar o milagre da multiplicação dos pães e dos peixes (Mt 14,17), que era um sinal condutor ao Cristo, seu autor.

A relação com a Páscoa se acha no fato de as aparições de Jesus, após a Ressurreição, estarem quase sempre ligadas à presença do peixe. Temos assim em João: *Quando saltaram em terra, viram umas brasas preparadas e um peixe em cima delas, e pão* (Jo 21,9). Em Lucas (24,42-43), os discípulos estavam apavorados e amedrontados com sua aparição. Jesus pediu algo para comer, a fim de acalmá-los e convencê-los de que era ele mesmo; *Ofereceram-lhe um pedaço de peixe assado. Tomou-o e comeu à vista deles*.

b) Os sinos, as vestes brancas, o aleluia

Os sinos festivos, que repicam na noite da Ressurreição, recordam o momento da subida de Jesus Cristo aos céus.

Nas cidades pequenas, todos os sinos da igreja repicam de maneira solene e alegre no canto do Aleluia. Soltam-se rojões e o ar se enche de festa e alegria.

As vestes brancas e paramentos, que se usam na noite da Vigília Pascal, recordam a alegria dos primeiros batizados, os neófitos que se revestiam de vestes brancas, simbolizando a vitória sobre a morte.

As igrejas se adornam com toalhas de linho e flores brancas. Essa cor foi adotada pelos primeiros cristãos, como símbolo da alegria, da vitória e da pureza de Deus.

Na narrativa da Transfiguração do Senhor no monte Tabor, a catequese primitiva é explícita: *E ali se transfigurou diante deles: seu rosto ficou resplandecente como o sol e suas vestes ficaram brancas como a luz* (Mt 17,2). No sepulcro, Maria Madalena encontra *um jovem sentado do lado direito, vestido de uma túnica branca* (Mc 16,5).

O cântico do Aleluia é um dos símbolos mais expressivos das aclamações de louvor e de alegria. É uma expressão hebraica: HALLE-

LUI-YAH que significa: Louvai a Javé, ou Salvai-nos, Javé. Essa expressão era muito usada no Antigo Testamento (cf. Tb 13,22; Sl 111; Sl 104; Sl 135). No Novo Testamento, encontramos no Apocalipse o cântico glorioso do Aleluia: *Depois disso, ouvi como que um forte ruído de uma imensa multidão, no céu, que clamava: Aleluia!* (Ap 19,1).

Os cristãos adotaram essa expressão para manifestar a alegria da ressurreição. Esse canto é entoado três vezes em um crescendo, proclamando a Boa-Nova da Ressurreição do Senhor. O músico Haendel eternizou essa aclamação no célebre ALELUIA, o grande Hino da Ressurreição, em seu Oratório "O Messias".

c) O girassol

O Girassol é um dos símbolos pascais menos conhecido em algumas regiões. É, porém, muito rico em conteúdo.

Assim como para sobreviver essa planta precisa ter sua corola voltada para o sol, do nascente ao poente, também os cristãos, da aurora ao ocaso de suas vidas, precisam estar voltados para o Sol-Cristo. Cristo é a Luz, a força, a energia. O cristão sem uma ligação com Jesus não encontra significado para sua vida. Expressões litúrgicas revelam esta realidade: Em, por e com Cristo. *Sem mim vocês não podem fazer nada* (Jo 15,5).

Obs.: Os símbolos litúrgicos do círio pascal e do Cordeiro já foram apresentados em textos anteriores.

4. Alimentos típicos da Semana Santa

Há alguns alimentos que são consumidos durante a Quaresma e a Semana Santa, em um clima de piedade ou por tradições religiosas.

a) Bacalhau e pinhão

Como havia a proibição de se comer carne nas sextas-feiras da Quaresma e, atualmente, na Sexta-feira Santa, há uma tradição portuguesa de se comer bacalhau, seja como bacalhoada com batatas, azeitonas, azeite, ovos e couve, seja em forma de bolinhos fritos saboreados com azeite.

Antigamente, o bacalhau era comido em todas as sextas-feiras da Quaresma e, hoje, apenas na Sexta-feira Santa, "nem que seja um pedacinho", como uma tradição remanescente.

Em alguns lugares do Vale Paraíba há também o costume de se comer pinhão, vindo das cidades serranas. Depois de cozido, é degustado puro, com sal ou manteiga.

b) Paçoca

A paçoca de amendoim é um alimento muito usado na Semana Santa. E alguns até dizem que "Semana Santa sem paçoca não é Semana Santa".

Três ingredientes básicos formam a paçoca: amendoim torrado, farinha e açúcar.

Em algumas cidades, como em São Luiz do Paraitinga e Jambeiro, a farinha de milho é preferida. Em outras, como em Cunha e Guaratinguetá prefere-se a farinha de mandioca.

Costuma-se socar a farinha de mandioca ou de milho em um pilão, com açúcar e pitada de sal. Conforme boa receita e tradição, "não presta socar a paçoca depois do meio-dia da Quinta-feira Santa, pois pode-se estar socando as costas de Nossa Senhora".

5. Preceitos populares da Quaresma

Há alguns ditados populares que se usam na Quaresma e na Semana Santa que revelam a piedade popular, certos medos e temores que vêm do inconsciente coletivo religioso.

Citamos alguns sem entrar em maiores análises e explicações:

– Não presta casar na Quaresma. O casamento não duraria muito.

– Sexta-feira Santa é um dia "pesado" e triste, porque Jesus foi preso, entra em agonia e morre. Por isso é proibido rir, falar alto, brincar, cantar, e as mulheres não se pintam.

– Não presta gritar, ralhar com crianças, brigar, matar animais na Sexta-feira Santa, pois o diabo está solto e pode ser atraído para dentro de casa.

– Não presta varrer a casa após o meio-dia da Quinta-feira santa, pois se estará varrendo as costas de Nossa Senhora.

– É bom plantar um pé de arruda na noite de Sexta-feira Santa para afastar o mau olhado da casa.

– Na Sexta-feira Santa devem-se cobrir todos os espelhos da casa para não se olhar a própria imagem.

– As plantas, como arruda, manjericão, alecrim, guiné e sálvia são consideradas como "plantas da Semana Santa"; e, sendo levadas às procissões pelos devotos ou colocadas nos andores, adquirem poderes sobrenaturais e podem ser usadas em chás para males do corpo e da alma.

– Não presta acompanhar a Procissão do Enterro com o namorado, pois acaba com o namoro.

– Não presta rir das figuras bíblicas da Procissão do Senhor Morto (Maria Madalena, Verônica e as *Beús*, José de Arimateia, Abraão, Isaac, Moisés etc.), porque dá azar para o resto da vida.

– Comer carne na Sexta-feira Santa é pecado e faz os dentes afundarem nas gengivas.

– Não se deve tomar leite na Sexta-feira Santa, pois o leite vira sangue.

– Na Sexta-feira Santa é pecado tomar vinho, porque se bebe o sangue de Cristo.

– No Sábado da Aleluia é aconselhável buscar água benta na igreja e espalhá-la nos quatro cantos da casa, pois espanta o azar da residência.

– No Sábado Santo é aconselhável lavar o rosto e não se deve enxugá-lo. Em seguida, deve-se bater nas portas da casa, gritando, pois assim se espantam os demônios e espíritos maus.

SEGUNDA PARTE

COMENTÁRIOS DA LITURGIA E PARALITURGIA

I. DOMINGO DE RAMOS

A. BÊNÇÃO E PROCISSÃO DOS RAMOS

Bendito o que vem em nome do Senhor

1. Introdução

Em Jerusalém, tanto tempo atrás, Jesus entrava de modo triunfante, aclamado pelas multidões. Hoje, na mesma cidade, cristãos de todo o mundo fazem o mesmo percurso que Jesus fez, manifestando a fé e conservando a mesma fé, embora com um sofrimento muito grande, por causa das perseguições que lá ainda existem. Nós fazemos o mesmo gesto com a mesma fé. Santo André de Creta nos ensina: "Corramos, pois, com aquele que se dirige a Jerusalém para chegar logo à Paixão, e imitemos aqueles que foram a seu encontro. Não vamos com ramos de árvores, mas para colocar debaixo de sua pessoa nossas próprias pessoas com um Espírito de humanidade e coração sincero, para ouvir sua palavra que vem a nós e dar lugar a Deus".

A celebração de hoje tem dois momentos: Bênção dos ramos, com a procissão entusiasmada de louvor, e a Missa, onde retomamos o caminho da Quaresma na reflexão sobre a Morte e Ressurreição do Senhor. Os ramos são abençoados; e nós os levaremos para casa em um sinal de compromisso com aquele que aclamamos.

A multidão, somando crianças e estrangeiros, aclama. Marca o momento da ruptura de Jesus com os aristocratas e com os chefes dos Judeus. Podemos ver que é o mesmo povo que receberá a intervenção de Pentecostes. São aqueles a quem foram revelados os segredos do reino (Lc 10,21). São os verdadeiros adoradores do Pai (Jo 4,23).

Jesus vem como o Messias predito pelo profeta Zacarias: manso, na montadura do povo, como Davi, indicando um projeto de reino da Justiça, do Amor e da Paz, tendo quebrado toda violência. Toda a natureza o acolhe: são os ramos de palmeira e oliveira. São crianças que, se forem caladas, falarão as pedras. Os ramos de palmeira significam a vitória de Cristo sobre a morte, pela ressurreição, e o sentido da vida. Os ramos de oliveira significam sua unção espiritual. É o Cristo, do qual nos vem toda a força, toda a vida.

Com todo o nosso ardor celebremos e aclamemos, exultando com sua glória. Esse amor nasce em nosso coração quando somos tão amados de Cristo. Não se trata de um ato do passado, de uma recordação. O hoje do mistério celebrado leva a reconhecer a divindade de Jesus. Somos chamados a compartilhar de sua paixão e ser instrumento para a redenção do mundo.

2. Bênção dos Ramos

A bênção dos ramos evoca a caminhada de Jesus à Jerusalém terrestre. Estimula-nos e convida a continuar a caminhada até a Jerusalém celeste, o céu.

3. Evangelho da entrada de Jesus em Jerusalém

A narração da entrada de Jesus em Jerusalém mostra o gesto de Jesus, como o rei da paz, cuja vitória está na humildade que quebra as armas da violência. É também realização do Deuteronômio (Dt 18,15) que fala do profeta como Moisés. Assim temos as características de seu reino: simplicidade, acolhimento de todo tipo de pessoa. Mostra igualmente a vitória sobre sua dolorosa Paixão. Se houve a recusa pelos chefes que o crucificaram, já houve uma vitória, uma aceitação fundamental por parte do povo, os pobres de Javé, aqueles que cantam para Deus. Como o acolhe hoje o nosso povo? A glorificação por parte de muitíssimos do povo é já o anúncio de sua glorificação da cruz. É também sua gloriosa ressurreição, meta final de sua caminhada para Jerusalém. Os discípulos compreenderão mais tarde, à luz da ressurreição.

4. Procissão

Imitamos agora o gesto das multidões que acolheram Jesus como o Bendito que vem em nome do Senhor. Entramos com ele na cidade, aclamando e tendo nele as mais profundas esperanças. Com a mesma disposição façamos a caminhada para nossa cidade, na firme manifestação de que temos uma opção: Jesus é o centro de nossa vida. Os ramos serão a lembrança do compromisso e deste encontro de hoje; nós os usaremos nos momentos de tempestades na vida, para nos dar segurança naquele que vem em nome do Senhor. Mais que uma recordação, é nossa caminhada com Cristo para sua entrega a Deus, ato central de nossa redenção.

B. MISSA

5. Oração

A celebração da Eucaristia começa com a oração da missa. A missa tem caráter de reflexão sobre a Paixão, mudando o festivo da procissão. É no acolhimento de sua palavra, de sua pessoa redentora que nos tornaremos participantes de seu mistério. A oração da missa, lembrando o exemplo de humildade de Cristo demonstrada em seu sofrimento, conduz a comunidade a aprender de sua paixão para chegar a sua ressurreição.

6. Primeira leitura *(Is 50,4-7)*

A leitura da Palavra traz o Cristo em sua Paixão. Ela não é só um sofrimento, mas uma escolha que o Filho de Deus fez, em sua encarnação, de chegar ao extremo de sua igualdade com as pessoas, para fazer a ressurreição de todos.

A primeira leitura é o terceiro cântico do Servo de Javé. A liturgia identifica este servo com Jesus que, pelo sofrimento e pela humilhação (arrancar a barba) e resistência, nos entende e ensina a aprender da dor e do sofrimento a aproximar-nos das pessoas e a falar com elas.

7. Segunda leitura *(Fl 2,6-11)*

O servo de Javé, Jesus, humilhou-se ao extremo sofrimento: morte de cruz. Sua aniquilação é sua exaltação. Somos convidados a ter os mesmos sentimentos de Jesus: participar de sua morte para chegar a sua ressurreição. Esse é seu Evangelho.

8a. Evangelho (Paixão do Senhor)

Ano A: *(Mt 26,14-27,66; ou 27,11-54)*

Jesus realiza sua paixão na total entrega ao Pai, na plena liberdade de seu dom. É abandonado, traído, renegado. É o homem que morre pelo povo.

8b. Evangelho (Paixão do Senhor)

Ano B (Mc 14,1-15,47; ou 15,1-39)

O sofrimento e a morte de Jesus levam a crer: este homem é o Messias, Filho de Deus. A fé é completa quando passamos por Jesus na cruz para chegar à ressurreição com ele. Quando o véu do templo se rasga, podemos também entrar no santuário do novo relacionamento de Deus com seu povo.

8c. Evangelho (Paixão do Senhor)

Ano C: (Lc 22,14-23,56; ou 25,1-49)

A caminhada de Jesus desde a Galileia chega a seus passos finais com a proclamação do letreiro da cruz: este é o rei dos judeus! Fala também: lembra-te de mim quando estiveres em teu reino, diz o ladrão. E Jesus: hoje estarás comigo no paraíso. O centurião dá glória a Deus: este homem era justo.

9. Mensagem

Acolhamos a chegada de Cristo para implantar o reino de Deus em nós. Acolhamos sua Paixão. Agora, durante este tempo que nos separa de sua Ressurreição, estejamos firmes na palavra, seguros em sua cruz, procurando entender os caminhos que nos levam a segui-lo de perto para estar no momento mais alto da ressurreição.

II. SEGUNDA, TERÇA E QUARTA-FEIRA DA SEMANA SANTA

A ideia central destes três dias da Semana Santa resume-se nas Palavras do Prefácio da Paixão II: “Já se aproximam os dias de sua Paixão salvadora e Ressurreição gloriosa, pelos quais é vencida a soberba do antigo inimigo e se faz memória do Sacramento de nossa redenção”.

As leituras do profeta Isaías continuam apresentando os cânticos do Servo de Javé, descrevendo Jesus Cristo em sua missão de Messias Redentor.

Os evangelhos retomam cronologicamente os últimos acontecimentos da vida de Jesus, deixando clara a posição de Judas Iscariotes como ladrão ganancioso, traidor e covarde. Representa ele o inimigo, dominado pelo mal. Ele é a expressão do mundo das trevas. Representa o inimigo maior que persegue o justo. Isso notamos nas antífonas e nos salmos das liturgias.

As orações das coletas, orações sobre as oferendas e de ação de graças lembram os méritos da Paixão como remédio, fonte de vida eterna, perdão, graça da ressurreição e esperança da vida eterna. A Paixão de Cristo, sua morte que celebramos, não são lembranças de um fato passado, mas da vida em plenitude. Na quarta-feira faz-se aceno à ressurreição. Toda celebração culmina sempre na esperança e certeza da ressurreição, meta de todo Mistério Pascal de Jesus.

Note-se que há uma ligação com Pedro, o discípulo que segue Jesus de perto, passando pelo sofrimento que ele passou. É a imagem do discípulo fiel e fraco que merece da parte de Jesus esta palavra: Satanás pediu insistentemente para peneirar-te como trigo, mas eu orei para que tua fé não desfaleça. Essas lembranças de Pedro provêm das diversas Igrejas de Roma, onde se fazem as Estações nestes dias.

III. TRÍDUO PASCAL

Chegamos ao ponto culminante de toda a liturgia da Igreja. É o Tríduo Pascal. Não se trata de um Tríduo preparatório para a festa da Páscoa, mas são os três dias de Cristo crucificado, morto e ressuscitado. Tem início na celebração da Ceia do Senhor, na Quinta-feira Santa, na missa vespertina, terminando com o domingo de Páscoa.

Essas celebrações não são mais que uma lembrança do passado. Não têm a finalidade de contar a história, mas tornar presente, atualizar, tornar vivo o mistério de Cristo, que se entrega ao Pai por nós, e fazer-nos participantes deste seu dom, vida e comunhão com o Pai. Celebrando, vivemos tudo aquilo que fazemos por meio dos ritos celebrados. A Palavra de Deus anuncia a Salvação presente e os sinais sacramentais tornam presente ao cristão essa salvação. Cada cristão é convocado a participar ativamente das celebrações, conhecendo e sabendo o dom oferecido pela participação. Na oração, meditação da Palavra, na fraternidade celebrativa, no esforço de entrar em comunhão com o Cristo sofredor e ressuscitado, chegaremos ao que a Igreja nos propõe: renovados pelos sacramentos pascais, possamos chegar à glória da ressurreição.

A melhor maneira de celebrar o Tríduo Pascal é a participação atenta nas leituras, que proclamam o mistério da salvação presente e a comunhão com os símbolos e ritos realizados, não só com o corpo, mas com o coração cheio de fé.

IV. QUINTA-FEIRA SANTA

A. MISSA DO CRISMA E BÊNÇÃO DOS SANTOS ÓLEOS

1. Introdução

Nesta manhã de Quinta-feira Santa, ou em outro dia oportuno, a Igreja reúne a comunidade diocesana: o Bispo, os Sacerdotes e fiéis. Nesta ocasião celebra-se o nascimento do sacerdócio que é participação na consagração de Jesus Cristo, o Messias. A antífona de entrada da missa diz: "Cristo Jesus fez de nós um reino e constituiu-nos sacerdotes para Deus seu Pai" (Ap 1,6). A unção do batismo, da crisma e da ordenação sacerdotal conferem ao cristão, que quer dizer ungido, sua característica sacerdotal e seu ministério a serviço do povo sacerdotal. Chamado a servir ao Senhor pela unção do Crisma, presta culto a Deus no cotidiano, oferecendo sacrifícios espirituais por meio das boas obras. Escolhido para o sacerdócio, serve o povo sacerdotal nas coisas que se referem a Deus (Hb 5,1). Sacerdotes não substituem o Cristo sacerdote, mas são deles sinal visível e eficaz.

Nesta Eucaristia são abençoados: o óleo para o Batismo, chamado óleo dos Catecúmenos: o óleo do Crisma, para o sacramento da Crisma, ordenação sacerdotal e episcopal. Abençoa-se também o óleo dos enfermos para o alívio das dores e o perdão dos pecados.

O Evangelho dá o sentido da unção: proclamar a libertação, curar os cegos, dar liberdade aos oprimidos e proclamar o ano da graça do Senhor. Jesus fala: "hoje se cumpriu esta passagem da Escritura que acabais de ouvir". Igualmente pela unção dos santos óleos, que é a efusão do Espírito para o bem da Igreja, realiza-se esta Escritura no hoje da comunidade, por intermédio de cada cristão que se une a Cristo pela mesma unção. A Igreja une-se a Cristo pela unção, partilha de sua Paixão e Morte e chega à Ressurreição com ele.

2. Oração

Unidos a Cristo pela mesma unção, somos testemunhas da Redenção.

3. Primeira leitura *(Is 61,1-3a.6a.8b-9)*

A unção realizada pelo Espírito de Deus é a promessa de libertação, conforto e aliança eterna.

4. Segunda leitura *(Ap 1,5-8)*

Cristo Senhor do Universo, ungido pelo Espírito, é aquele que nos ama e por isso faz de nós um povo que tem amizade e diálogo com Deus, povo sacerdotal, povo que entende o caminho do Pai como Cristo anunciou e viveu.

5. Evangelho *(Lc 4,16-21)*

Cristo diz que a profecia de Isaías se realiza nele. Disse isso em sua pátria, no meio de seus parentes e amigos. O espírito nos une para libertar, confortar e curar em nossa realidade concreta, em nosso dia a dia, no dia de hoje. A frase da Escritura é para nós: "Hoje se cumpriu esta passagem da Escritura que acabais de ouvir".

6. Renovação das promessas sacerdotais

Nossos Sacerdotes, presididos pelo Bispo, fazem agora a renovação de seus juramentos sacerdotais, do dia de sua ordenação. É tão bonito ver em nossos queridos padres essa disposição de serem sempre fiéis. É um estímulo a sermos fiéis a nossa unção, a nosso compromisso. É um convite a colaborar com eles, apoiá-los, perdoá-los e ser com eles o povo sacerdotal, que caminha para o Pai, realizando hoje o reino de Deus.

7. Procissão dos santos óleos

Após a renovação das promessas sacerdotais, os diáconos, ou, na falta deles, alguns sacerdotes, os ministros encarregados de levar os óleos e os leigos, que vão levar o pão, o vinho e a água para a celebração eucarística, dirigem-se à sacristia ou ao lugar onde estão preparados os óleos e as oferendas. Voltam ao altar na seguinte ordem:

1. Ministro levando recipiente com perfumes (se o Bispo for fazer a mistura do crisma).
2. Ministro com o óleo dos catecúmenos.
3. Ministro com o óleo dos enfermos.
4. Diácono ou sacerdote com o óleo destinado ao Crisma.

No altar, os óleos são apresentados ao Bispo, na ordem de chegada, com as palavras:

– *Eis o óleo dos catecúmenos.*

– *Eis o óleo dos enfermos.*

– *Eis o óleo para o santo crisma.*

8. Bênção dos óleos

(Antes da preparação das ofertas ou no final da missa)

a) Óleo dos enfermos: esta bênção recorda que o óleo produzido da árvore serve para refazer as forças do corpo humano. Conforme S. Tiago, deve ser aplicado nos doentes para que cure as enfermidades do corpo e da alma, dê forças para suportar as dores com fortaleza e conseguir o perdão dos pecados.

b) Óleo dos catecúmenos: usado no Batismo, para que os catecúmenos (os que vão ser batizados) possam ter força de renunciar ao demônio e ao pecado antes de se aproximarem da fonte da vida e aí renascer.

c) Óleo do Crisma: pela unção do Crisma os cristãos são inseridos no Mistério Pascal de Cristo, mortos, sepultados e ressuscitados com Cristo, participando de seu sacerdócio real e profético. Pelo sacramento da Crisma, recebem a unção espiritual do Espírito Santo como Cristo recebeu.

d) Observação: os óleos, ao final da missa, são entregues para serem levados às comunidades. É o sinal da unidade diocesana. É o povo de Deus que, sendo à imagem do Filho, é convocado à unidade em torno de seus pastores.

9. Antes da Oração Eucarística

No dia da instituição da Eucaristia e do Sacerdócio, louvemos e agradeçamos a Deus pelo dom que Cristo nos faz de seu mistério de Morte e Ressurreição, concedido à comunidade por intermédio de seus sacerdotes unidos à comunidade e a serviço dela. Partilhando a oferta de Cristo ao Pai, comungamos seu mistério e nos unimos entre nós, como corpo de Cristo, que continua a missão salvadora e amorosa de testemunhar a todos as riquezas daquele que nos chamou das trevas a sua luz admirável.

10. Mensagem

Refeitos pelo sacramento pascal que recebemos, animemos nosso coração a entrar hoje no espírito do Tríduo Pascal, conscientes que, participando deste mistério, nós o tornamos presente em nossa vida e passamos para o Pai como o Cristo. Ungidos pelo Espírito, exercemos em nossa vida a missão de Cristo: testemunhar, pela celebração e pela vida, a vida nova que recebemos desses mistérios celebrados.

B. MISSA VESPERTINA DA CEIA DO SENHOR

1. Introdução

A celebração abre o Tríduo Pascal e é início dos acontecimentos do Mistério Pascal de Cristo.

Estão presentes nesta celebração todos aqueles momentos pelos quais passou o Senhor Jesus e aos quais ele associa sua Igreja.

Nesta noite, temos diversos elementos que encontramos na Palavra de Deus e nas orações: lembramos aquela Ceia Pascal que já, desde o Egito, é celebrada pelo povo de Deus. Cristo, nessa Ceia, continua a caminhada de seu povo e lhe dá novo sentido. Não será mais o memorial da saída da escravidão do Egito, como veremos na primeira leitura, onde o sangue afugenta um anjo devastador, mas o memorial do Cristo que, com seu sangue na cruz, e sua ressurreição, realiza a nova passagem da morte para a vida.

Jesus celebra uma ceia que contém não somente um passado e um presente, onde ele atualiza de maneira ritual seu mistério, mas o futuro. Já se celebram o Corpo que é entregue e o Sangue que é derramado para a vida e salvação de todos. Nós celebramos a eucaristia e temos fé no memorial que ela realiza, tornando presente tudo o que Cristo fez para nos levar ao Reino de Deus, seu Pai. Jesus, ao celebrar sua Ceia Pascal, antecipa e torna presente tudo o que ele realizará nos próximos dias. Vemos aí a unidade do Mistério Pascal: uno em sua realidade e diverso em sua realização.

O Cristo, sumo sacerdote, associa a si os seus, para que continuem fazendo o que ele fez: "fazei isto em memória de mim". Todas as vezes que comemos o pão e bebemos o vinho, anunciamos a morte do Senhor, proclamamos sua presença salvadora e santificadora. Nisto associa a si os apóstolos, como continuadores de sua missão sacerdotal, sacerdotes a serviço do povo sacerdotal naquelas coisas que se referem a Deus.

Nessa Ceia ele dá um mandamento, que é o seu, o único: o que vos mando é que vos ameis uns aos outros e que sejais um. O corpo unido dos fiéis conservará a memória. Sua Eucaristia e seu amor se reduzem a um gesto que Ele mesmo fez: tomou uma bacia e lavou os pés dos discípulos. Quem não aceita esse modo de ser não tem parte com ele, como diz a Pedro. E seremos seus discípulos se fizermos como ele fez. O amor que faz ser autêntica a Eucaristia será o serviço humilde e dedicado, o modo de ser dos ministros de Cristo, o que Cristo foi como sacerdote. Sua presença permanente no Santíssimo Sacramento nos estimula e anima a viver sempre os frutos salutares de sua paixão para chegar à Ressurreição.

2. Oração

Deus constituiu Cristo Sacerdote para seu povo. Unidos a Ele vivemos seu mistério.

3. Primeira leitura *(Êx 2,1-8.11-14)*

A Saída do Egito, libertação do povo de Deus, é lembrada no memorial da Ceia Pascal que continua tornando presente a ação libertadora de Deus. É prefiguração da Eucaristia que é memorial do Cristo que salva e liberta seu povo. Nós, no Salmo Responsorial, damos graças a Deus oferecendo o cálice da salvação.

4. Segunda leitura *(1Cor 11,23-26)*

No ambiente de fraternidade de uma Ceia, Jesus institui a Eucaristia. Oferece à Igreja o mais precioso dom: no sinal do pão e do vinho dá seu Corpo e Sangue e sua entrega a Deus. Participando da Eucaristia, sacrifício que ele oferece e do qual participamos, entramos em comunhão com Deus e com os irmãos.

5. Evangelho *(Jo 13,1-15)*

Cristo manifesta o fundamental de sua pessoa: o servo que se humilha e se põe a serviço, inaugurando um novo modo de ser diante de Deus, mostrando o sentido de sua missão redentora: um serviço a Deus e aos homens, que se realiza em sua paixão e morte. Chama à imitação: “Dei-vos o exemplo, para que façais a mesma coisa que eu fiz”. Só serão reais no mundo a morte e ressurreição do Senhor no momento em que o serviço fraterno e caridoso se tiver implantado. Aí teremos passado da morte para a vida.

Lava-pés: No momento central da celebração há a memória do gesto de Jesus que dá sentido a todo o seu mistério. É a escola de ser cristão e de atingir a maturidade da fé cristã: descobrir o serviço fraterno como o elemento que nos faz unidos ao mistério de Cristo.

6. Oraçao Eucarística

A oração que agora fazemos, acompanhando o sacerdote, é a Grande Ação de Graças (Eucaristia) pela obra de Jesus em seu mistério de Morte e Ressurreição. Nela, por Cristo no Espírito damos glória ao Pai. A oferta, a oblação que fazemos, como diz a prece eucarística, é para honrar o dia em que Cristo confiou a seus discípulos a celebração dos mistérios de Seu Corpo e Sangue (Cânon Romano). Acentua-se o hoje da celebração: Celebramos o dia santíssimo no qual Jesus Cristo foi entregue à morte por nós.

7. Transladação e adoração da Eucaristia

Terminada a celebração eucarística, o Santíssimo Sacramento é levado para o altar, onde ficará para a adoração dos fiéis. É um gesto necessário para se conservar a Eucaristia para a celebração da Sexta-feira Santa. A comunidade assume este momento para manifestar sua adoração e seu agradecimento pelo imenso dom de Cristo presente e permanente entre nós. A Eucaristia conservada para levar aos doentes é uma oportunidade para continuarmos celebrando a Eucaristia dentro de nós e no mundo, dando permanentes graças a Deus e conduzindo o mundo a que seja fraterno.

8. Desnudação do altar

A cerimônia que encerra a celebração da Ceia do Senhor e dá o sentido para o dia seguinte é a manifestação exterior da mente da Igreja: despojar-se de tudo para se centrar no Cristo sofredor que faz sua imolação. São retirados do altar todos os objetos e enfeites, ficando completamente despojado de tudo. O Centro e Cristo em seu mistério de total abaixamento. É o modo como devem viver os cristãos nestes dois dias: reflexão, recolhimento, deixando de lado a distração e ocupar-se só com o Cristo.

V. SEXTA-FEIRA SANTA

Celebração da Paixão do Senhor

1. Introdução

Hoje, não celebramos a Eucaristia, porque a Igreja tem esta longa tradição de não celebrar missa na Sexta-feira Santa. Nós nos reunimos para comemorar e reviver a paixão do Senhor. A Igreja contempla Cristo que, morrendo, se oferece como vítima ao Pai, para libertar toda a humanidade do pecado e da morte. Nós adoramos nesta celebração o mistério de nossa salvação e dispomos nosso coração na fé e no arrependimento, para que possamos ser curados e santificados pelo sacrifício de Cristo.

Aos pés da Cruz, a Igreja, em oração, quer trazer as dores de toda a humanidade, para que o sangue precioso de Cristo possa curar todos os males e fazer crescer a semente do reino plantada por sua Palavra, regada com seu sangue e cuidada com a força de sua Ressurreição.

A celebração de hoje tem 4 partes:

Paixão proclamada: Liturgia da palavra
Paixão invocada: Solene Oração Universal
Paixão venerada: Adoração da Cruz
Paixão comungada: Comunhão eucarística.

Proclamando o acontecimento da Paixão, nós nos tornamos participantes e recebemos a força de sua Cruz. Assim, diante do mistério da morte de Cristo, nós nos sentimos impelidos a não deixar ninguém fora deste sangue que nos liberta e lava. Cheios de amor, veneramos a cruz, em um gesto de adoração àquele que se entregou até a última expressão do Amor. Nada faltou da parte de Deus, para nos amar e demonstrar a verdade de sua proposta de vida nova.

Comungando, fazemos um só corpo com ele e com todo o povo de Deus. Como diz a oração final da celebração: "Ó Deus, que nos renovastes pela santa morte e ressurreição de vosso Cristo, conservai em nós a obra de vossa misericórdia, para que, pela participação deste mistério, vos consagremos sempre nossa vida".

2. Início da celebração

Os celebrantes e ministros aproximam-se em silêncio do altar.
Todo o povo se ajoelha.

Os celebrantes podem prostrar-se ou ajoelhar-se, em sinal de profunda reflexão e compenetração no mistério que vão celebrar. Após alguns instantes, levantam-se e dirigem-se a seus lugares.

O povo fica de pé.

Voltado para o povo, o celebrante que preside reza a oração.

3. Oração

Pedimos a Deus que, pelo sangue de Cristo derramado na cruz, se lembre de suas misericórdias e nos santifique por sua constante proteção.

PAIXÃO PROCLAMADA

Liturgia da Palavra

4. Primeira leitura *(Is 52,13-53,12)*

A Palavra de Deus apresenta o cântico do Servo de Javé, uma profecia sobre o Cristo sofredor que assumiu nossas dores, curando-nos por suas chagas. Ele ofereceu sua vida como expiação. Sua morte é vida para todos nós, pecadores. O salmo reza com Jesus na Cruz sua entrega a Deus: "Em vossas mãos, Senhor, entrego meu espírito". A morte de Jesus culmina em um grande grito de certeza de vida que está nas mãos de Deus: "Senhor, eu ponho em vós minha esperança". No servo sofredor estamos todos nós, também para viver.

5. Segunda leitura *(Hb 4,14-16; 5,7-9)*

A Palavra de Deus desta leitura explica quem é o servo de Javé, sofredor: Ele é o sumo sacerdote, aquele que nos dá plena segurança de nos aproximarmos do trono da graça, "para conseguirmos misericórdia e alcançarmos a graça de um auxílio no momento oportuno". Ele é o mediador e sabe entender nossas enfermidades, pois passou por elas, menos no pecado. Por sua obediência teve seus clamores ouvidos. Deus o ressuscita. Dá-nos assim garantia que nossa luta contra todo mal será ouvida e temos uma ressurreição semelhante a sua. "Por isso Deus o elevou acima de tudo", diz-nos São Paulo (Fl 2,9). Por meio de seu sofrimento e morte temos na casa do Pai um mediador, alguém de nossa parte, a nos garantir.

6. Evangelho (Paixão do Senhor) *(Jo 18,1-19,42)*

João narra a Paixão não somente como um fim trágico de Cristo, mas como o caminho de sua glorificação. Jesus dizia: Quando for exaltado da terra atrairei todos a mim. Jesus não morre empurrado por um sistema. Tem plena consciência de sua missão de unir todos os dispersos. Tem força suficiente para crer que sua paixão e morte são a Revelação do amor do Pai: O Pai amou tanto o mundo que deu seu Filho.

Essa morte está direcionada exercendo total influxo na Igreja, figurada por Maria ao pé da Cruz recebendo o discípulo. Ali nascem os sacramentos do sangue, Eucaristia e água, batismo. Ele culmina com o dom do Espírito: Inclinando a cabeça, entregou o Espírito. Bem dizem os santos padres: Do lado de Cristo adormecido na Cruz nasceu a nova Eva, a Igreja, fecundada pelo Espírito, gerando filhos para Deus.

PAIXÃO INVOCADA

7. Solene oração universal

No dia da celebração da paixão de Cristo para a salvação de todos, a Igreja abre os braços e o coração para realizar uma oração de intercessão pela salvação do mundo. A Igreja, que tem por cabeça o Cristo Sacerdote, em nome e por meio dele, apresenta ao Pai suas grandes intenções. Toda a humanidade é trazida nesta oração aos pés da Cruz, na qual Cristo morre. É o primeiro resultado da morte de Cristo: abrir-se e preocupar-se com o mundo inteiro.

PAIXÃO VENERADA

8. Adoração da cruz

A liturgia está centrada no sacrifício de Cristo. Por isso se apresenta a Cruz para a adoração. Não adoramos a madeira da Cruz, mas a pessoa de Cristo crucificado e o mistério significado por esta morte por nós. Mesmo sendo um momento de morte, a liturgia não deixa de estabelecer que Cristo está vivo e ressuscitado.

Adoramos vossa Cruz, Senhor, louvamos e glorificamos vossa santa Ressurreição, pois pelo lenho da Cruz veio a alegria ao mundo inteiro.

A Cruz é sinal da vitória de Cristo que arrebenta as portas do mal. É a expressão máxima do amor do Pai: “Deus tanto amou o mundo, que lhe deu seu único Filho” (Jo 3,16).

A Cruz é a árvore da vida, cujo fruto bendito nos faz viver eternamente. Não podemos esquecer que na Cruz está o projeto de morte de todos os males do mundo. Ela é a libertação.

PAIXÃO COMUNGADA

9. Comunhão eucarística

O momento da comunhão é a profissão de fé no Cristo que está vivo e que, pela comunhão, nos torna um só corpo com ele. O sangue que nos remiu nos livrou da morte e do mal, afastou o tentador, que queria dominar sobre nós e estabelecer em nós o mal, e introduziu-nos no Reino de justiça, de amor e de paz.

Assim nós estamos em comunhão com Cristo e com toda a Igreja, e fazemos de nossa vida a vida de Cristo. Comungando Cristo, comungamos seus sentimentos, ao se entregar ao Pai, e comungamos a vida que ressurge.

ENCERRAMENTO

10. Oração depois da comunhão

Pedimos a Deus que, por nossa participação no mistério da paixão e morte de Cristo, conserve em nós a obra de sua misericórdia.

11. Oração sobre o povo

O sacerdote pede para o povo a bênção de Deus, perdão, consolo e crescimento na fé, e que a redenção se confirme em nós.

Assim termina essa celebração, mas a vivência do Tríduo Pascal continua. Mesmo a celebração das tradições populares da Procissão do Enterro e das Dores de Maria não devem nos desviar daquele pensamento central da Igreja para os dias de hoje e de amanhã: meditação, silêncio e reflexão diante do túmulo de Jesus, que morreu e "desceu à mansão dos mortos", como rezamos no Creio. É a solidariedade de Cristo com todos os mortos, como foi solidário com todos os vivos. Significa que Cristo é Salvador de todos, em todos os tempos. Sua morte é uma vez por todas. Sejamos solidários com Cristo que é solidário conosco.

VI. VIGÍLIA PASCAL

Ressurreição do Senhor

1. Introdução

Noite mais clara que o dia! Assim canta a Igreja na Vigília Pascal, mãe de todas as celebrações da Igreja. Com o acender do círio pascal, na noite escura, dá-se início à celebração. Assim a Ressurreição de Jesus dentre os mortos ilumina o mundo com a serenidade de sua luz.

A Vigília Pascal foi restaurada, mas ainda não se tem consciência de sua riqueza e necessidade. A "Semana Santa" não termina com a Sepultura de Jesus, nem a Páscoa consiste na queima do Judas. Todas as celebrações litúrgicas tomam seu sentido a partir da Ressurreição de Jesus. Nela também nasce e toma sentido toda a vida cristã. Celebrar esta noite santíssima é ressuscitar com Cristo. A vitória de Cristo é a vitória de todo cristão.

A Páscoa tem uma história que se inicia no Antigo Testamento. A ordem de Deus era que fosse celebrada sempre. Recordando as maravilhas operadas por Deus na história da salvação, olhavam para o futuro de libertação total que traria o Messias. O Messias veio, e é Jesus. Ele tem sua Páscoa, passagem libertadora para a vida nova. A Páscoa Cristã, continuando tão grande tradição, enriquece e dá o conteúdo novo, que é Cristo e sua obra. Mas dá o complemento a tudo o que foi rezado no passado. Não mais um cordeiro é aquilo que salva, mas Cristo e a Páscoa de nossa salvação. Olhamos também para o futuro: a realização de todas as promessas garantidas pela Ressurreição e a realização da vida nova e vida de cada um que nasceu de novo.

A celebração da Vigília Pascal tem quatro momentos:

Liturgia da Luz

Liturgia da Palavra

Liturgia Batismal

Liturgia Eucarística

LITURGIA DA LUZ

2. Bênção do fogo e preparação do Círio

Segundo antiga tradição, o togo aceso com pederneira (tirando da pedra), simboliza o Cristo, luz que sai do túmulo de pedra. Com ele se acende o Círio Pascal. Ele é a imagem e o símbolo de Cristo ressuscitado, luz do mundo, que entra pela Igreja escura e vai iluminando lentamente, até atingir o clarão total. A luz é Cristo.

O Círio é preparado: faz-se nele uma cruz explicando que Cristo salvou pela Cruz. São colocadas as letras A e Z, significando que Cristo é o princípio e o fim. Colocam-se 5 grãos de incenso, dizendo que Cristo nos salva por suas chagas. Acende-se o Círio e se inicia a procissão em direção ao altar. É a coluna de fogo que guia o novo povo resgatado de uma escravidão e salvo pelas águas do batismo, entrando no Reino de Deus, presente na Eucaristia.

3. Proclamação da Páscoa

Canto da Proclamação da Páscoa (Precônio): Na alegria de Cristo Ressuscitado são proclamadas as festas pascais. Celebram-se as maravilhas de Deus nesta noite. Celebra-se a alegria da luz. Não se esquece da abelhinha que produziu a cera com a qual foi feito o Círio, imagem e símbolo de Cristo que conduz seu povo.

LITURGIA DA PALAVRA

4. Introdução

A celebração da Vigília Pascal tem um elemento forte: a liturgia da Palavra. Nela celebra-se o Cristo, que é Palavra do Pai, luz do mundo. Ele está presente na Palavra lida na comunidade. É a proclamação da História da Salvação e das maravilhas realizadas por Deus, até chegar a Cristo, maravilha que permanece não como uma história passada, mas como vida da qual participamos. São sete leituras do Antigo Testamento e duas do Novo Testamento, sendo uma da Carta de São Paulo aos Romanos e outra dos Evangelhos. Do Antigo Testamento não é obrigatório ler todas. Recomenda-se, porém, que sejam escolhidas pelo menos três. E a leitura do Êxodo (14,15–15,1) não pode ser omitida. A Igreja recomenda que o critério de escolha das leituras seja o pastoral e não a comodidade. Elas são uma excelente catequese do Mistério Pascal de Cristo.

5. Primeira leitura *(Gn 1,1-2,2 ou 1,1.26-31a)*

A criação do mundo e do homem, primeiro gesto de salvação.

A Criação do mundo e do homem são os primeiros gestos do amor de salvação de Deus: Criação e Ressurreição vêm juntas, pois em Cristo ressuscitado se faz presente a nova criação. A criação em

Cristo encontra seu 7° dia, dia do repouso, e o homem, o ingresso no Paraíso. Em Cristo todas as coisas se fazem novas. Todo o mundo criado, juntamente com o povo fiel, canta a Glória do Cristo. O homem é o centro da criação. Em Cristo, novo homem, novo Adão da história, a criação e toda a humanidade tomam novo sentido e têm nele sua garantia. O mundo é o lugar da salvação.

6. Segunda leitura *(Gn 22,1-18 ou 22,1-2.9a.10-13.15-18)*

O Sacrifício de Abraão, nosso Pai na fé.

Abraão é chamado por Deus a constituir o povo de Deus. Tantas são as promessas. Mas Abraão é colocado à prova. Responde com fé e generosidade!

O povo de Deus é nascido não do sangue, mas da fé no Deus que chama a compartilhar de seu plano de vida. Cristo é o novo cordeiro que está em nosso lugar, na resposta total e fiel a Deus. Sua descendência será grande como as areias da praia.

7. Terceira leitura *(Êx 14,15-15,1)*

Passagem do Mar Vermelho.

O povo de Deus tem uma forte experiência de libertação por meio das águas do mar. São as maravilhas de Deus que acompanham a criação e formação do povo de Deus.

O novo povo passa pelas águas do Batismo, que lhe dão não uma liberdade humana, mas a passagem da morte para a vida. A Páscoa é passagem que se faz presente na vida de cada cristão por meio de sua passagem com Cristo nos sacramentos.

8. Quarta leitura *(Is 54,5-14)*

A Nova Jerusalém caminha para o esplendor da luz do Senhor.

A Nova Jerusalém e figura da Igreja, novo povo de Deus, reunido em Cristo em uma só família por seu sacrifício pascal.

Novo povo, na unidade do Pai, do Filho e do Espírito, é instruído pela Palavra de Deus. Será povo Santo.

9. Quinta leitura *(Is 55,1-11)*

A salvação é oferecida gratuitamente a todos os povos.

O povo de Deus não é isolado e fechado. A salvação é como um banquete oferecido a todos os povos. É uma aliança prometida a todos. Deus é generoso em sua promessa, sua Palavra não cai em vão, mas produz sempre o fruto.

10. Sexta leitura *(Br 3,9-15.32-4,4)*

Fonte de vida e sabedoria.

Fazemos parte de um povo novo pelo Batismo. Somos constantemente chamados a procurar a sabedoria e a caminhar na luz de sua lei, que é um jugo suave e de leve peso. A lei dos ressuscitados é o amor de Cristo.

11. Sétima leitura *(Ez 36,16-17a.18-28)*

Um coração novo e um Espírito novo.

Pela Ressurreição de Cristo todos serão transformados e reunidos em um único povo purificado pela água do Batismo. O coração transformado receberá um Espírito novo, estabelecendo-se uma aliança de amor e de mútua pertença, fruto da Páscoa. A oração que segue a leitura evoca a ação de Jesus restaurador de todas as coisas. A Igreja reunida é o ponto de chegada de todo o caminho de salvação iniciado no gesto criador de Deus.

12. Hino de louvor

Canto do Glória:

Depois de uma longa Quaresma, tempo de reflexão e penitência, chegamos ao momento de celebrar a alegria da Ressurreição. É o hino de louvor e adoração ao Cristo vivo, na unidade do Pai e do Espírito.

13. Oração

Rezamos a alegria desta noite santíssima iluminada pela Ressurreição. Pedimos a Deus o espírito filial e o reavivamento da comunidade cristã.

14. Oitava leitura (Epístola) *(Rm 6,3-11)*

Cristo ressuscitado dos mortos não morre mais.

Pelo Batismo estamos unidos à morte de Cristo, com ele caminhamos na Vida nova. Somos semelhantes a ele. A morte não tem mais domínio sobre ele. Consideremo-nos mortos ao pecado e vivos para Deus.

15. Aclamação ao Evangelho (Canto do Aleluia)

Aleluia! Louvado seja Deus!

O sacerdote entoa solenemente o Aleluia que significa: Louvores a Deus. É o momento da explosão de alegria. Santo Agostinho dizia a seu povo: com o canto do Aleluia nós exprimimos o tempo da alegria, do repouso e do triunfo representados pelos dias pascais. Não temos ainda o objeto de nosso louvor, mas caminhamos para ele, o Cristo, em seu reino definitivo.

16. Evangelho

Ano A: *(Mt 28,1-10)*

Ao raiar do dia, surge a nova luz. O anúncio feito às mulheres é simples: "Sei que procurais Jesus, que foi crucificado. Ele não está aqui! Ressuscitou, como havia dito". Tornam-se elas as primeiras anunciadoras: "Ide depressa contar aos discípulos que ele ressuscitou dos mortos".

Ano B: *(Mc 16,1-7)*

As mulheres entraram no túmulo e viram um jovem vestido de branco. Tiveram medo. Disse ele: "Vós procurais Jesus de Nazaré, que foi crucificado? Ele ressuscitou, não está aqui. Vede o lugar onde o puseram. Ide, dizei aos discípulos e a Pedro que ele irá a vossa frente, para a Galileia. Lá o vereis".

Ano C: *(Lc 24,1-12)*

"Por que estais procurando entre os mortos aquele que está vivo? Ele não está aqui. Ressuscitou!" Voltaram as mulheres do túmulo e foram contar aos discípulos. Pedro correu ao túmulo, debruçou-se, mas só viu as ligaduras. Voltou para casa admirado com o sucedido.

LITURGIA BATISMAL

17. Exortação

A Igreja, desde os primeiros séculos, ligou a noite pascal com a celebração do Batismo. Toda a celebração é estruturada sobre o tema do Batismo e nossa vida em Cristo Ressuscitado. Baseia-se no pensamento de Paulo que o Batismo é uma imersão em Cristo, em sua morte e o ressurgimento com Cristo em sua ressurreição.

Nas comunidades de muitos catecúmenos, neste momento da celebração, recebem o Batismo aqueles que devem ser batizados.

Se houver Batismo de adultos, esses recebem também a Crisma e Eucaristia. Batismo, Crisma e Eucaristia formam um só sacramento da iniciação cristã.

Com palavras próprias ou seguindo a fórmula do Missal Romano, o Celebrante faz breve exortação ao povo sobre o significado e a importância do Batismo.

18. Ladainha de Todos os Santos

O rito da Liturgia Batismal inicia-se com a ladainha de todos os santos. Invocamos a presença de toda a Igreja celeste e terrestre para que esteja orando junto, implorando o dom do Batismo para aqueles que ora renascem. O Batismo não é algo pessoal, mas pertence a todo povo de Deus, no qual é inserido o batizado. Todos enxertados em Cristo.

19. Bênção da água batismal

A solene bênção relembra e faz memória de todas as maravilhas operadas por Deus mediante a água. Ele próprio passou pelas águas do Jordão.

Coloca-se o Círio dentro da água, pedindo ao Cristo que infunda nesta água a força do Espírito Santo, para que quem nela for batizado seja sepultado na morte com Cristo e ressuscite com ele para a vida.

Segue-se o rito do Batismo, se houver pessoas para serem batizadas.

20. Renovação das promessas do Batismo

Terminado o rito do Batismo, a comunidade faz a renovação de suas promessas batismais e de seu aprofundamento na fé. É o momento em que nos inserimos mais profundamente no mistério de Cristo Ressuscitado, por meio dos ritos da Igreja.

Ficam todos de pé com as velas acesas.

LITURGIA EUCARÍSTICA

21. Oração Eucarística

É o momento culminante da celebração. A comunidade, reunida em torno da Páscoa, renova o mistério da imolação e glorificação de Cristo.

Batizados em Cristo, ungidos por seu Espírito, entramos em comunhão total com ele, fazendo sua a nossa vida, participando de seu mistério.

Transformados em homens e mulheres novos, nesta noite santíssima fazemos uma ação de Graças a Deus, pelo que Deus realizou em Cristo: ele é o cordeiro de Deus que tirou o pecado do mundo; morrendo, destruiu a morte e, ressuscitando, restaurou-nos a vida.

Vivos em Cristo, com ele viveremos no amor. O abraço da paz será o símbolo da paz instaurada por Cristo. Paz que dá testemunho ao mundo da vitória do Ressuscitado. As promessas se cumpriram: surgiu um novo céu e uma nova terra no gesto de amor e de fraternidade universal.

VII. DOMINGO DA PÁSCOA NA RESSURREIÇÃO DO SENHOR

Transbordando de alegria Pascal (Prefácio)

1. Introdução

A liturgia do domingo de Páscoa é passagem da morte para a vida, pois celebramos de maneira eminente a Ressurreição do Senhor. Neste momento vivemos uma realidade passada e, ao mesmo tempo, presente e atual: vencida a morte, celebra-se a vida. Jesus Cristo, o Cordeiro imolado, tirou o pecado do mundo; morrendo destruiu a morte, ressurgindo deu-nos nova vida. O mundo exulta. A mão do Senhor, que pousou sobre Cristo, pousa agora sobre nós. O que realizou em Cristo realiza em nós: faz-nos viver. Hoje é um imenso dia. É o dia eterno: "estou sempre convosco".

Iniciamos a oitava da Páscoa. Uma semana toda em que, antigamente, os que eram batizados na noite de Páscoa continuavam vestidos com vestes brancas. Nesta semana vivemos o dia Pascal. A liturgia repete cada dia: "Hoje é o dia que o Senhor fez. Exultemos e alegremo-nos nele". É um dia que dura oito dias. Um só dia é pouco para viver todo o mistério. Iniciamos o tempo Pascal, que vai até a Ascensão e Pentecostes. São 50 dias. Sto. Atanásio chama de grande domingo. Todo o tempo pascal é uma oportunidade que a Igreja recebe para conhecer, amar, celebrar e viver o mistério de nosso amado Redentor Ressuscitado.

A reflexão deste tempo se volta para a Eucaristia, que está inteiramente voltada ao Mistério Pascal, pois nele tem seu início. A liturgia da palavra faz o anúncio do fato da Ressurreição: ele ressuscitou, não está mais no túmulo. Nós comemos e bebemos com ele. Apareceu a Simão. Ele é a pedra que os construtores rejeitaram e tornou-se pedra angular. Os apóstolos são testemunhas. Nesse anúncio todos são chamados a viver uma vida nova, a partir de sua ressurreição. Demos graças a Deus, porque ele é bom, porque eterna é sua misericórdia.

2. Hino de louvor

Glória! A alegria da Páscoa invade o coração da comunidade que canta a glória de Jesus Cristo, Cordeiro imolado, nossa Páscoa a quem pertence o Reino e a glória.

3. Primeira leitura *(At 10,34a.37-43)*

Pedro vai ao encontro de Cornélio em Cesareia. Testemunha Cristo morto e ressuscitado, tema fundamental da fé. Cristo vive! Comemos e bebemos com ele. Todo homem, sem distinção, pode ser transformado por ele.

4. Segunda leitura *(Cl 3,14)*

Os sacramentos da iniciação cristã, que nos fazem participar da Ressurreição de Cristo, exigem uma vida inspirada em uma visão nova da realidade, aquela que nasce da cruz gloriosa de Cristo. A moral cristã é pascal.

---

4. Segunda leitura (Opcional) *(1Cor 5,6b-8)*

Paulo exorta a comunidade a viver uma vida de fé pura e autêntica. O cristão purificado à luz da ressurreição torna-se digno de celebrar a Páscoa.

---

5. Sequência

É uma poesia em forma de diálogo, que fala da Ressurreição e da bela experiência que Maria Madalena faz ao encontrar-se com o Cristo Ressuscitado.

6. Evangelho *(Jo 20,1-9)*

Pedro, João e Madalena são as primeiras testemunhas da Ressurreição. Por seu intermédio o anúncio do Cristo Ressuscitado chega a todos, como uma mensagem de vida e de esperança. O sepulcro vazio é o testemunho silencioso daquele que coloca vida em nosso mundo.

7. Oração Eucarística

Os discípulos reconheceram Jesus no partir do pão. Quando nos reunimos para celebrar a Eucaristia, reconhecemos a presença do Cristo ressuscitado que nos faz participantes de seu mistério de morte e ressurreição.

Disponhamo-nos a participar desse dom da Eucaristia, que é fonte de nossa vida de ressuscitados.

8. Mensagem

A Ressurreição de Cristo leva ao complemento de toda a obra da imensa misericórdia de Deus. Nesta celebração do Dia do Senhor, tornam-se presentes para nós todos os grandes momentos e mistérios de nossa ressurreição: É a nova criação, a nova aliança, o dom do Espírito que nos faz viver na esperança da vinda do Senhor. Celebrando, vivendo no amor, estamos ressuscitados. Vivemos já e agora a vida eterna.

TERCEIRA PARTE

INSTRUÇÕES PARA OS MINISTROS ORDENADOS

(Presbíteros e Diáconos)

Observações

1. As sugestões para a preparação das Celebrações partem de uma preocupação em cumprir um dos princípios fundamentais da Liturgia: a participação ativa, consciente, piedosa e frutuosa de toda a Comunidade.[1] Jamais as celebrações podem ser reduzidas à execução de leituras e de ritos por parte dos ministros, sem que a Comunidade interaja ativamente. Afinal, é toda a Comunidade, como Corpo vivo de Cristo, que celebra a Liturgia.
2. Há um intuito pedagógico-pastoral, que os ministros devem levar em consideração, quando preparam as Celebrações, sabendo acolher uma ou outra sugestão, que brota da sensibilidade de fé do povo celebrante e dos elementos culturais de cada região do país.
3. Para as Homilias, não se oferece um texto já pronto, mas sim pontos de aprofundamento, que podem ser aproveitados de forma avulsa, neles encaixando o tema recorrente da Campanha da Fraternidade.

I. DOMINGO DE RAMOS

"Toda língua confesse que Jesus Cristo é Senhor, para glória de Deus Pai."

1. Introdução

Toda a Liturgia do Domingo de Ramos é uma proclamação antecipada do Kirios, o Senhor Ressuscitado. Antes de iniciar a recordação dos sofrimentos e da morte de Jesus, a Liturgia faz questão de assegurar

[1] Sacrosanctum Concilium n. 11, 21, 48.

a fé atual do Povo de Deus em Jesus, como o Senhor vivo e vencedor. Por isso, quando o apresentar como o "Servo sofredor", vai reconhecer que seu caminho de dor é simultaneamente seu caminho de glória.

Portanto, mais do que o lado teatral da Semana Santa, o que importa é a atualização sacramental da copiosa Redenção, que penetra como graça libertadora na vida daqueles que participam das celebrações. E a Campanha da Fraternidade de cada ano põe sempre em destaque alguma necessidade social que clama por Redenção.

2. Sugestões para preparar a Celebração

a) Preparar as ruas com um tapete de folhas, por onde passará a procissão.

b) Um burrinho real pode ser usado, colocando sobre ele alguma figura representando Jesus: pode ser uma criança, significando o inocente que será condenado; ou algum símbolo, como a figura de um cordeiro ou de uma Cruz.

c) A proclamação da Paixão deve ser bem preparada. Ser criativa para comunicar melhor. Algumas sugestões:

– criar mais movimentos para a Assembleia, fazendo com que mudem mais vezes de posição: sentados (p. ex.: Ceia: 26,14-29; julgamento: 26,57-75; 27,1-30); de pé (p. ex.: Agonia e prisão: 26,30-56; Caminho da Cruz: 27,31-50; Enterro: 27,55-66); ajoelhados (p. ex.: Morte: 27,51 54);

– usar imagens e frases que destaquem os vários episódios da Paixão;

– entremear os vários episódios com cantos correspondentes cantados por todo o Povo;

– fazer a proclamação da Paixão ao longo de uma procissão, à semelhança de uma Via-Sacra, principalmente quando a igreja é pequena para o número de participantes;

– enquanto possível, durante a proclamação da Paixão, proporcionar às crianças um outro local onde possam ter uma catequese apropriada sobre o Domingo de Ramos, por intermédio de Cate-

quistas, usando vídeos, cantos, teatrinhos etc. As crianças voltariam à igreja para a procissão das Oferendas.

3. Pontos para a Homilia

a) Jesus entra em Jerusalém montado sobre um jumento, à semelhança de um rei entrando solenemente em sua capital. Ele sabe que a cidade será o lugar de sua paixão. Por isso deixa bem evidente que o caminho do sofrimento não será o fracasso de seu Reino, mas sim a forma paradoxal de sua entronização.

Jesus optou radicalmente pelo caminho do Amor. Ele é a expressão do Amor misericordioso do Pai pelo homem. Na Paixão de Jesus, o Amor misericordioso do Pai transforma-se em Amor redentor, que prefere sofrer a violência do que ser violento com os homens (Is 50,4-7). Eis a "Kénosis" de Amor, o aniquilamento total do Verbo, cantado pelo hino paulino (Fl 2,6-11). Jesus é o Verbo divino que se encarnou na existência humana até seu ponto mais profundo e doloroso, para resgatá-la por dentro.

b) A Paixão escrita por Mateus não é uma crônica jornalística. É uma proclamação evangélica da significação daqueles últimos acontecimentos em Jerusalém. A comunidade de Mateus não tem dúvida: com a Paixão de Jesus, encerra-se a era antiga, isto é, todo o Antigo Testamento, e nasce a Nova Aliança, que marcará a Igreja de Jesus.

Os distúrbios cósmicos e os mortos, que deixam suas tumbas, simbolizam essa mudança no próprio ritmo do tempo passado, que se abre para um novo tempo. O véu do templo que se rasga desfaz por completo o sentido do templo material como lugar divino. Um novo e eterno Santuário começa a se manifestar no corpo ensanguentado de Jesus: eis o lugar do encontro definitivo e perfeito entre o divino e o humano.

c) A narrativa da Paixão desenvolve-se em vários episódios interligados entre si: a última Ceia é o rito significante do que está por acontecer; a Agonia no Horto revela a essência da Redenção, que é a obediência do homem à Vontade do Pai; o Julgamento expõe o mistério do Mal em sua intencionalidade destrutiva do homem; o caminho da Cruz traduz a solidariedade divina de Deus com o sofrimento humano; a Morte violenta manifesta o gesto maior de Amor de Deus, que une misericórdia e redenção em um só ato.

d) Eis a que ponto chegou o Amor infinito de Deus pelo homem, Ele se faz solidário com a própria natureza do homem, marcada pelo mal e pela morte. Ele assumiu até o mais profundo todas as consequências de sua Encarnação e o fez por Amor. O perdão, que brota da Paixão, não é um mero acerto de contas entre pessoas, mas uma reconciliação que atinge toda a natureza humana. Ela é redimida e libertada de seu condicionamento original para o mal (Cl 1,20).

e) A Comunidade que acompanha Jesus na procissão de Ramos, aclamando-o como Senhor, deve continuar seguindo seus passos também na Paixão. Isso significa assumir a vida e a história, reconhecer o pecado e o mal a partir de Jesus e junto com Jesus. O pequeno ramo simboliza cada um de nós, enquanto queremos permanecer ligados ao tronco principal, Jesus. Desligados dele, tomamo-nos galho seco, que será jogado fora e queimado: nossa existência fica sem direção, sem força e sem significado, principalmente em suas experiências negativas de mal e de dor. Não será o caminho dos milagres e dos privilégios, do poder e da própria satisfação que levará à libertação, mas somente o caminho da cruz nos dará a Ressurreição.

f) A solidariedade de Jesus conosco deve ter como resposta a nossa solidariedade com todo ser humano que sofre. É a partir da dor dos mais fracos, da paixão de cada ser humano, assumidas no amor, que a vida supera a morte e o amor derrota o mal.

II. QUINTA-FEIRA SANTA

"Amai-vos uns aos outros como eu vos amei"

1. Introdução

Eucaristia, Sacerdócio, Mandamento do Amor costumam marcar esta celebração nitidamente pascal. A Quinta-feira Santa não deveria ser sentida como um hiato de alegria durante a Semana Santa, mas como a abertura festiva do Tríduo Pascal. Ela oferece o rito que antecede, confere significação e perpetua o acontecimento pascal.

A adoração e o silêncio que encerram a celebração não devem aparecer como expressão penitencial, mas como convite à interiorização e contemplação da novidade e da perfeição da Nova Páscoa realizada por Jesus e oferecida a nós em forma de Sacramento.

2. Sugestões para preparar a Celebração

a) *O Pão é o símbolo adequado para esta celebração. Talvez, se pudesse criar uma Bênção e Partilha do pão pela Comunidade, talvez no final da celebração.*

b) *No início da celebração eucarística, fazer uma entronização solene do Óleo do Crisma, benzido na Missa do Crisma. É interessante que seja trazido por cristãos adultos e comprometidos pastoralmente. Se possível, propor algum gesto evocativo do sacramento da Crisma, com um pequeno diálogo ou oração de renovação.*

c) *Fazer com que a cerimônia do Lava-pés seja significativa para a Comunidade; não se limitar a uma simples execução. Fazer com que os diversos ministérios eclesiais (catequistas, ministros, coordenadores), as relações de família, as diferentes profissões e os serviços na sociedade (professores, médicos, funcionários etc.) lavem-se os pés, e assim, seus ministérios ou profissões sejam vistos dentro da dimensão do Lava-pés. Ou então, o próprio Presidente lava os pés de 12 pessoas re-*

presentativas dos diversos ministérios praticados na Comunidade: doentes, idosos, crianças, pobres etc. O tema da CF pode inspirar outras modalidades ou outros personagens para esta cerimônia.

d) *Enquanto possível, nesta Eucaristia possibilite-se ao maior número possível de fiéis a Comunhão sob duas espécies. Se não for possível oferecer a todos, ao menos a todos os responsáveis diretos pelas pastorais.*

e) *O rito de Desnudamento do altar, no final da celebração, deve constituir um gesto litúrgico visível e bem participado pela Comunidade: convidar alguns Leigos para que ajudem a fazê-lo.*

3. Pontos para a Homilia

a) Aquele que nos amou até o fim quer nos amar para além do fim. É como se a Eucaristia fosse uma continuação de seu mistério de Encarnação: mesmo quando a violência de alguns homens mata este corpo com o qual tanto amou os homens e tanto bem lhes fizera, Jesus quer continuar presente e descobre, no pão e no vinho partilhados fraternalmente durante uma ceia, a forma de continuar presente e visível.

Mais do que um mistério de transubstanciação, o essencial são o gesto e as palavras de amor que transformam o rito da Ceia na entrega total e constante de sua vida por nós: "Tomai, todos, e comei... Tomai, todos, e bebei..." E este rito da nova Páscoa é constituído pelas palavras cheias de ternura de Jesus a seus discípulos, que se concretiza no gesto do Lava-pés, no mandamento do Amor e se estende do Cap. 13 ao 17 do Evangelho de S. João. Eis o que significa a Eucaristia e o ministério da Igreja de Jesus.

b) Para o Povo de Deus da Antiga Aliança, a Ceia pascal era um rito familiar celebrado anualmente que perpetuava e atualizava a libertação da escravidão do Egito: escravidão pessoal e social, política e religiosa. Jesus retoma essa mesma Ceia, antecipa sua celebração, aprofunda seu sentido libertador, e leva-a à perfeição, transformando-a em um sacramento de Comunhão íntima entre o divino e o humano.

Eucaristia é Vida nova e eterna que brota da morte de um por todos; Eucaristia é Libertação definitiva da eterna ameaça do poder da morte e do mal, que produz todas as escravidões; Eucaristia é sinal realizador de uma nova fraternidade ao redor de uma mesma mesa para partilhar de um mesmo Pão; Eucaristia é porta de entrada para uma experiência de um Amor mais profundo e mais fecundo do que todos os amores possíveis entre os homens.

c) Em uma sociedade marcada pela competição e pela desigualdade, pela ambição de dominar o outro e de ser servido, o Lava-pés é um compromisso eucarístico de viver no mundo sem ser do mundo. É o gesto de quem prefere servir a ser servido. Eis a revolução de Jesus capaz de provocar vida para todos e vida em abundância. Existe um único caminho para aceitar e viver tal opção: o mandamento do Amor fraterno de Jesus. Um Amor maior do que o mandamento herdado do Antigo Testamento.

Já não se trata apenas de "amar o próximo como a si mesmo", mas de AMAR-NOS UNS AOS OUTROS COMO JESUS NOS AMOU. É o compromisso de um Amor fraterno incondicional, caracterizado pela gratuidade, pela generosidade, pela doação total de si, que nenhum critério humano é capaz de sustentar. Somente a fé-acolhimento do Amor infinito de Jesus por nós tem força para provocar em nós o desejo de dar resposta semelhante em nossa forma de amar o outro.

d) Todo o ministério eclesial só é evangélico enquanto testemunha e perpetua essa atitude de Lava-pés por amor. Desde os mais simples serviços dentro da Comunidade até o ministério sacerdotal dos Párocos, dos Bispos e do Papa devem enraizar-se neste Jesus da Quinta-feira Santa. Eles não são herdeiros do sacerdócio do Antigo Testamento. Quando Jesus ordena: "Fazei isto em memória de mim", Ele não se refere apenas à renovação do rito da Ceia, mas à própria atitude de servir com amor e por amor ao irmão. Só assim, o rito eucarístico adquire sua autêntica significação.

Esses critérios eucarísticos devem ser assumidos não só por aqueles que exercem ministérios eclesiais. Também as relações familiares, a vida profissional e os diversos papéis sociais daqueles que querem ser discípulos de Jesus devem beber nesta fonte da Quinta-feira Santa sua espiritualidade evangélica, que os ajuda a colaborar com a construção do Reino de Deus no meio dos homens, espalhando as sementes de uma Civilização do Amor.

III. SEXTA-FEIRA SANTA

A) CELEBRAÇÃO LITÚRGICA

1. Introdução

A Sexta-feira Santa é a proclamação da realização plena de todas as promessas de Deus e de todas as esperanças do homem. Quando Jesus grita: "Tudo está consumado", ele não se refere tanto ao fim quanto à plenitude de sua missão redentora: a tal ponto chegou o Amor. Nem o mal nem a Cruz foram capazes de dobrá-lo. E esse Amor gera a Vida plena. Mais do que qualquer outro símbolo tradicional do amor, como o coração, a própria Cruz se transfigura como símbolo maior desse Amor que cria a Aliança eterna entre o céu e a terra, entre Deus e o homem.

Se o homem crucifica o Filho de Deus, Deus, ao olhar para o Filho crucificado, vê sempre nele também o homem, e já não é possível deixar de amar o ser humano. Seria deixar de amar seu próprio Filho.

2. Sugestões para preparar a Celebração

a) *Por mais austera que pareça a Celebração da Sexta-feira Santa, é preciso cuidar bem para que seja comunicativa e participada.*

b) *Um cuidado especial com as Leituras, principalmente a da Paixão: não apenas executá-las, mas fazer com que sejam participadas e entendidas pela comunidade: usar ilustrações, visualizações, cantos, símbolos ou até personagens. Mais uma vez, é pedagógico que as crianças tenham uma Celebração da Palavra em outro local, adaptada a elas.*

c) *Sendo a Cruz o símbolo central deste dia, as várias comunidades ou segmentos da Paróquia podem ser convidadas a trazer uma pequena cruz de madeira, com inscrições que apontem seus sofrimentos e pecados atuais. No momento da Oração universal, cada um apresenta sua cruz com uma súplica correspondente. Os participantes podem ser motivados a trazerem seus crucifixos para serem bentos no final da Celebração.*

d) ***Na Oração universal:*** *distinguir entre quem convida e o Presidente que recita a oração. Pessoas diversas encarregar-se-ão do convite e, durante a pequena pausa, podem colocar um pouco de incenso sobre o turíbulo ou recipiente fixo, significando a súplica que sobe até Deus. Se não houver incenso, cada pessoa traz uma vela acesa e permanece segurando-a até o fim da Oração universal.*

e) É importante valorizar a Adoração da Cruz, dando tempo para que o povo possa tocar na Cruz e fazer, de fato, sua homenagem pessoal durante a própria Celebração. Se de fato parecer cansativo demais para a Comunidade, fazer com que venham por famílias ou então em grupos, conforme as associações, movimentos, setores, ministérios etc. para um instante de adoração.

3. Pontos para a Homilia

a) O Verbo assumiu este momento último de sua Encarnação: mergulhou no mistério da maldade e da morte humana, assumindo-as plenamente. "Tomou sobre si nossas doenças, carregou nossas dores... Foi esmagado por nossas iniquidades" (Is 53,4-5). Fez-se solidário com todo o homem que sofre, que peca e que morre. Por isso é capaz de "compadecer-se de nossas fraquezas" (Hb 4,15). O essencial de seu sacrifício não é a figura de holocausto sangrento, mas sua obediência total ao projeto do Pai. Eis o homem plenamente obediente a Deus, que se torna "para todos os que lhe obedecem, fonte de salvação eterna" (Hb 5,9).

b) A realeza de Jesus, que transparece na Paixão escrita por S. João, é humanamente desconcertante. É um proclamar-se rei não da sociedade, mas da humanidade. Ou seja, Jesus não é rei segundo as estruturas de poder da sociedade, mas torna-se o Senhor da própria natureza humana, enquanto penetra-lhe no próprio âmago e a liberta definitivamente. É Ele quem a desata das amarras do mal e da morte e a conquista definitivamente para si.

Jesus vivencia tão profundamente esse mistério, que parece até estar alheio aos fatos que as autoridades vão provocando sobre ele. Há em Jesus uma dignidade interior e uma liberdade de amor que nenhuma ameaça ou violência conseguem abalar.

c) Mais do que ser julgado, é Jesus quem parece estar julgando aqueles que não o aceitam. Por isso sua condenação traz a marca da represália e do ódio daqueles que se sentem perdidos diante dele. Faz da Cruz seu trono real, e dela irradia-se uma força de atração sobre os homens de todas as gerações (Jo 12,32).

Nenhum poder do Mal foi capaz de fazê-lo desistir de amar o ser humano, de perdoá-lo e de doar generosamente sua vida pela salvação de todos. Quando entrega seu Espírito, antes de morrer, trata-se de uma entrega que fecunda um novo nascimento: de seu lado aberto nasce a nova Comunidade-Igreja (Jo 19,30.34).

d) Eis por que as narrativas da Paixão constituíram os primeiros núcleos do Evangelho: se os fatos eram dolorosos, a mensagem proclamava um sentido redentor e era acolhida pelas primeiras Comunidades, realmente, como uma "Boa Notícia". Não havia lugar para "se ter dó" de Jesus. Tudo era anúncio pascal, grito de esperança acontecida, que repercutia principalmente naqueles que se preparavam para serem batizados ou para se reconciliarem com a Comunidade. A imagem do Senhor Ressuscitado presidia toda a memória da Paixão.

e) Essa certeza de uma vitória conquistada uma vez para sempre compromete o cristão com a história presente, que ainda se insurge contra Jesus e seu Reino de justiça, de paz e de amor fraterno. Há uma paixão real acontecendo na vida de tantos pequenos de nossa sociedade, há uma descendência de "fariseus, saduceus, sacerdotes", políticos e poderosos que continuam a sustentar o "corpo de iniquidade", a cultura da maldade e da morte que esmagam tantos "cristos" de nossos dias.

Já não somos impotentes diante do sofrimento e do mal. A solidariedade com Jesus e, por meio de sua Cruz, a solidariedade entre nós, podem fazer com que a Páscoa seja não apenas um rito anual, mas a segurança de uma Graça libertadora, que nos será dada abundantemente, na medida de nosso compromisso com o caminho de Jesus.

B) AS SETE PALAVRAS DE JESUS NA CRUZ

1. As Sete Palavras

a) "Jesus dizia: **Pai, perdoa-lhes! Eles não sabem o que fazem**" (Lc 23,34).

b) "Jesus lhe respondeu: **Em verdade eu te digo: ainda hoje estarás comigo no paraíso**" (Lc 23,43).

c) "Ao ver sua mãe e, ao lado dela, o discípulo que ele amava, disse à mãe: **Mulher, este é teu filho**. Depois disse ao discípulo: **Esta é tua mãe**. Dessa hora em diante, o discípulo a acolheu consigo" (Jo 19,26-27).

d) "Pelas três da tarde, Jesus gritou com voz forte: **Eloi, Eloi, lamá sabachtáni**, que quer dizer: **Meu Deus, meu Deus, por que me abandonaste?**" (Mc 15,34).

e) "Depois disso, Jesus, sabendo que tudo estava consumado, e para que a Escritura se cumprisse até o fim, disse: **Tenho sede**" (Jo 19,28).

f) "Ele tomou o vinagre e disse: **Tudo está consumado**" (Jo 19,30).

g) "E Jesus deu um forte grito: **Pai, em tuas mãos entrego meu espírito**" (Lc 23,46).

2. Sugestões para preparar o Sermão

a) *Acender 7 velas e ir apagando uma a uma, após cada reflexão.*

b) *Enquanto possível, fazer a pregação ao lado de um Crucifixo bem grande.*

c) *Fazer com que as Sete Palavras sejam escritas em faixas de papel ou em outra forma qualquer, e sejam gradativamente apresentadas à comunidade. Podem ser introduzidas na Comunidade por jovens ou pelos grupos, enquanto se canta algum refrão conhecido e próprio para o momento.*

d) *Terminar cada reflexão com uma pequena Oração referente à Palavra.*

3. Pontos para o Sermão

a) As últimas Palavras de Jesus sintetizam tudo o que ele viveu e ensinou, enquanto esteve conosco. Vamos contemplar a imagem do Crucificado e deixar que suas Palavras, uma a uma, penetrem bem dentro de nosso coração.

b) Como nosso Mestre, ele nos anuncia sua última Mensagem, mais com o coração do que com a voz, já por se extinguir.

c) Como nosso Irmão maior, ele fala em nome de todos nós. Nele, estamos todos nós. Com nossas esperanças e nossos desesperos. Com nossa coragem e nossos medos. Com nossas virtudes e nossos pecados. Com nossa vida e nossa morte.

4. O Sermão

Primeira Palavra: **"Pai, perdoa-lhes! Eles não sabem o que fazem!"** *(Lc 23,34).*

a) Jesus anunciara a misericórdia infinita do Pai para conosco, que chegara ao ponto de nos enviar seu Filho único. Insistiu sobre o valor de quebrar o círculo da violência, mesmo que fosse necessário oferecer a outra face (Mt 5,39). Ensinou que era preciso perdoar não apenas 7 vezes, mas 70 vezes 7 (Mt 18,22).

b) Agora, traído, desrespeitado, dilacerado pela raiva e pela violência, crucificado como o pior de todos os malfeitores, ele transforma sua Mensagem em um testemunho vivo: **"Pai, perdoa-lhes..."** É o momento em que o Filho, esmagado por causa de nossos pecados, chega ao ápice de seu amor por nós e clama ao Pai que nos perdoe.

c) **"Eles não sabem o que fazem."** É verdade que não sabem que crucificam o Filho querido de Deus. Mas sabem que estão cometendo uma injustiça e uma violência contra um ser humano indefeso. Por isso precisam ser perdoados. Pelo fato de ter assumido nossa natureza, toda injustiça e toda violência contra qualquer criatura humana é um crime que atinge necessariamente o Verbo de Deus encarnado. E, igualmente, toda palavra e todo gesto de perdão repetem a palavra e o gesto de perdão de Jesus (Mt 25,31-46; Jo 20,23).

d) O perdão é a essência da Redenção. Todo o mistério da Encarnação, da vida e da pregação de Jesus se resumem no perdão que o Pai quer dar ao homem e que os homens devem oferecer uns aos outros, com a mesma gratuidade do perdão que recebem do Pai (Mt 6,14-15; 18,21-35). Não haverá uma nova Criação, uma nova Criatura e um Reino de Deus na terra, sem o perdão sincero, gratuito, total. Essa primeira Palavra de Jesus sobre a cruz é suficiente para realizar a Redenção abundante, e para começar um novo Reino de perdão, de paz e de autêntica fraternidade.

Segunda Palavra: **"Em verdade te digo: ainda hoje estarás comigo no paraíso"** *(Lc 23,43).*

a) Dois malfeitores foram crucificados ao lado de Jesus. A tradição encarregou-se de dar um nome àquele que estava a sua direita: Dimas. Ele representa todas as pessoas que se deixaram tocar pela 1ª Palavra de Jesus: sua súplica de perdão. O perdão gratuito, total, libertador, santificador, que não tem hora nem condições para ser dado. Basta que seja desejado e aceito.

b) Dimas não era discípulo, não era apóstolo, jamais seguira Jesus. Não possuía mérito algum. Tudo o que fez foi assumir sua própria situação de pecador e balbuciar, talvez, sua única oração durante a vida: *"Jesus, lembra-te de mim quando entrares em teu reinado"* (Lc 23,42). Foi o suficiente para que a misericórdia divina o penetrasse e o transformasse em São Dimas.

c) Se perdoar é uma forma divina de amar, pedir perdão é um jeito humano de suplicar para ser amado e para amar de novo. Deus jamais recusa tal pedido. Estar com ele no paraíso é refazer sua paz e seu amor dentro de nós. No gesto de absolvição e no abraço divino da comunhão eucarística repetem-se para nós as palavras de Jesus a Dimas: *"Ainda hoje estarás comigo no paraíso!"*

Terceira Palavra: **"Mulher, este é teu filho. Esta é tua mãe"** *(Jo 19,26-27).*

a) O perdão brota do amor gratuito. E o amor fecundo sempre gera a doação. Jesus sobre a cruz é a doação total. Sua vida é entregue até o último suspiro. Estabelece uma aliança nova com seu próprio sangue, que escorre até a última gota sobre os homens, sobre nossa terra, sobre todo o universo.

b) O perdão de Jesus não guarda mágoas. Mesmo sobre a cruz, ainda caçoado por todos, Jesus revela que o verdadeiro perdão encerra em si o máximo da doação. Olha para sua Mãe, único bem que ainda não lhe foi tirado e que continua bem perto dele. Olha para o discípulo, certamente João, o único que resta de sua tão sonhada Comunidade. Os outros discípulos e apóstolos estavam dispersos e amedrontados. Como se fosse o último e mais valioso ponto de seu testamento, Jesus nos doa sua Mãe como nossa Mãe: *"Mulher, este é teu filho"*.

c) Maria é o sacramento do Filho, o sinal luminoso de sua presença, que jamais se apagou. Por isso será ela a célula-mater de sua Igreja pascal, a primogênita de todas as redimidas. Ao discípulo-símbolo de todos os que proclamarão a fé em sua morte e ressurreição, Jesus recomenda: *"Esta é tua Mãe"*. O acolhimento da Mãe autentifica a Comunidade pascal dos que seguem e seguirão Jesus. Como um selo vivo de garantia divina, Maria nos dá a segurança de onde encontrar a verdadeira Igreja de Jesus. Onde está Maria, aí está a Igreja. Eis a vontade explícita de Jesus, eis o dom final de seu amor redentor por todos nós. Sua Mãe é e será sempre nossa Mãe também, que nos gera à semelhança de seu próprio Filho, por obra do Espírito Santo.

Quarta Palavra: **“Eloi, Eloi, lemá sabachtáni? – Meu Deus, meu Deus, por que me abandonaste?”** *(Mc 15,34).*

a) Nas três primeiras Palavras, Jesus ainda tem forças para comunicar-nos os dons maiores de seu Reino: o perdão redentor e sua Mãe. A partir desta quarta Palavra, sua solidariedade com o ser humano leva-o a assumir o mais profundo da dor e do pecado de todos os homens. Despoja-se ainda mais de qualquer sinal do divino. Manifesta-se apenas como o Homem das dores, representante de toda a humanidade sofrida e pecadora.

b) *“Meus Deus, meu Deus, por que me abandonaste?”* Seu grito ecoa através de todos os séculos, como o clamor de todo homem que busca a Deus e se vê distante e como que abandonado por ele. Representa o grito de todos os povos e de todos os tempos, de todas as religiões e de todas as culturas. É o clamor de angústia de todos os pobres, excluídos e injustiçados de um mundo sem Deus. É o grito de medo diante do mistério do mal e do pecado, que enche a história humana de trevas. Jesus fez ouvir apenas as primeiras palavras do Salmo 21. Não é um salmo de desespero, mas sim de clamor e de confiança do pobre sofredor. Os outros versos do Salmo certamente foram balbuciados por Jesus até proclamar: *“Quanto a mim, para ele viverei...” (Sl 21,31).*

c) Não há uma resposta imediata ao grito de Jesus. Assim como não existe um porquê visível para o sofrimento do ser humano. Há, porém, uma evidência de fé para quem contempla o Crucificado e escuta seu grito: Deus está dentro do sofrimento humano, assim como a natureza divina está indissoluvelmente unida à natureza humana na pessoa de Jesus. Seu grito de abandono ecoa dentro de seu próprio ser. E a resposta, se não pode ser imediata, é segura e virá a seu tempo, na vitória sobre o mal e sobre a morte. Uma vitória que ele partilha com todo aquele que toma sobre si a cruz e o segue com fidelidade.

Quinta Palavra: **"Tenho sede"** *(Jo 19,28).*

a) Ao grito de abandono, Jesus acrescenta: *"Tenho sede"*. Mais uma vez, como à beira do poço de Jacó (Jo 4,5-34), ele empresta voz a todo ser humano sedento de amor e de vida, de justiça e de paz, que os poços do mundo não conseguem saciar. Quem tem sede de amor, tem sede de Deus. O sofrimento físico da sede terrível que atormentava Jesus recorda com nitidez o Salmo 21,16: *"minha língua ficou colada ao paladar"* e o Salmo 68,22: *"Como alimento, me deram fel, quando tive sede deram-me vinagre"*. Em Jesus encontra-se, ao mesmo tempo, o homem sedento e a fonte de água viva, capaz de saciar para sempre todas nossas sedes (Jo 4,10).

b) Neste momento final, quase como se quisesse testar tudo o que anunciara, Jesus faz-se aquele pequenino de Mt 25,35: *"Eu estava com sede..."*. Sua morte começa a ser o julgamento final do homem. A cruz transforma-se em trono, de onde o Filho do homem começa a separar ovelhas e cabritos. Nem discípulos, nem apóstolos, nem sacerdotes, nem escribas atendem a seu apelo. Um soldado molha uma esponja na mistura de vinagre e a aproxima de seus lábios. Será este o primeiro *"bendito de meu Pai"* (Mt 25,34), precedendo a tantos outros na entrada do Reino?

c) Mais do que a sede física, que abrasava seu corpo moribundo, Jesus retoma a quarta Bem-aventurança proclamada por Ele: *"Felizes os que têm fome e sede de justiça, porque Deus os fará ficar satisfeitos"* (Mt 5,6). Não é uma esponja úmida que irá saciar tal sede. É preciso inaugurar um Reino, que seja um projeto novo em que o empobrecido, o injustiçado, o excluído e todos os pequeninos do mundo sejam saciados em sua fome e sede do essencial para viver e conviver com dignidade e amor. Jesus clama em nome de todos eles e sabe que o Pai irá ouvir seu clamor: *"Vede, humildes e alegrai-vos!... pois o Senhor atende os pobres"* (Sl 68,33-34).

Sexta Palavra: **"Tudo está consumado"** *(Jo 19,30).*

a) *"Tudo está consumado."* Nos lábios de Jesus moribundo não soa como um fim inevitável, mas como a proclamação de uma missão assumida e cumprida com fidelidade até o fim. Todas as profecias, toda a história e toda a esperança do Antigo Testamento estão cumpridas. Jesus é o ponto de chegada e de realização completa da salvação. Nele e por ele, todos os homens de todos os tempos são salvos, uma vez por todas. O valor e a validade do Antigo Testamento consistiam em ser um anúncio-preparação do Messias Salvador. Em Jesus, acontece o momento pleno de Deus dentro da história humana. Encerra-se o momento do anúncio-espera. Acontece o momento da realização-consumação, que se chama Jesus. Consuma-se a revelação de Deus ao homem, em tudo o que o homem precisava, precisa e precisará para sua salvação.

b) Ele viera para cumprir a vontade do Pai. Uma vontade que se foi manifestando nas contradições de tantos fatos inesperados, que Jesus foi enfrentando com amor e coragem. Talvez desejasse ter tido mais tempo para anunciar o Reino e firmar a fé de seus seguidores. Contudo a perfeição para Deus não consiste no volume de obras feitas, mas na fidelidade em fazê-las. E o mais importante ele havia feito: revelara Deus como o Pai da misericórdia e proclamara uma Boa Notícia aos pobres, plantando a semente de um Reino de fraternidade entre os homens. A semelhança do relato da Criação (Gn 1,31), Jesus contempla sua missão como uma nova Criação, que se completa com sua morte na cruz. A cruz será a árvore da vida que Deus entrega aos homens, para que não sejam dominados pela morte (Ap 2,7).

c) *"Tudo está consumado."* A partir de Jesus, a história humana terá uma imagem concreta do Deus verdadeiro, não apenas a sombra ou o esboço, como acontecera até então. O momento da história, após o acontecimento-Jesus, já não será de espera, mas sim de atualização constante e crescente daquilo que vimos e ouvimos (At 4,20). Novas visões ou supostas mensagens divinas podem apenas enganar, jamais, porém, acrescentar algo novo a tudo o que se realizou em Jesus, e que foi testemunhado e transmitido por seus Apóstolos.

d) *"Tudo está consumado."* Encerra-se a missão de Jesus, começa a missão da Igreja. Ela nasce do lado aberto do Senhor (Jo 19,34), como testemunha e sinal vivo do Mistério Pascal, definitivamente cravado na história humana. Ela não existe por si própria, mas depende totalmente desta cruz e deste Senhor crucificado. Ela terá de anunciar e testemunhar não algo por acontecer, mas algo que aconteceu e de que ela é um sacramento: o Reino de Deus presente no meio dos homens, até o fim dos séculos (Mt 28,20).

Sétima Palavra: **"Pai, em tuas mãos entrego meu espírito"** *(Lc 23,46).*

a) *"Saí de meu Pai e vim ao mundo; outra vez deixo o mundo e vou para o Pai"* (Jo 16,28). Aquele que volta ao Pai leva consigo toda a humanidade, com o mistério da vida e da morte que envolve cada ser humano. Ao acolher o espírito de Jesus, o Pai acolhe o espírito de todo homem que toma sua cruz e segue com fidelidade seu Filho. Esse é o momento supremo e final da Encarnação do Verbo eterno de Deus na realidade existencial e histórica do homem. Como um processo de amor, o Verbo vai se encarnando em cada instante do existir do homem, desde a concepção até o desenvolvimento da vida, que nasce, cresce e morre. E na medida que assume o existir humano, Jesus vai realizando a redenção de todo homem, em virtude de sua divindade inseparável de nossa humanidade. Encarnação e Redenção se conjugam constantemente na existência de Jesus. Nele, com ele e por ele somos todos redimidos, dentro de nosso próprio ser. Eis o mistério pascal definitivo, escondido e atuante na vida de Jesus de Nazaré.

b) Agora chegou o momento do último ato, a morte, aquela que simboliza tudo o que existe de negativo e de destrutivo na existência de todos os homens. E Jesus a encarna de forma total. Sua última Palavra, antes de entregar o espírito, expressa a fé, a esperança e o amor do ser humano, capaz de superar os próprios limites e de penetrar no infinito. A dignidade no morrer revela o valor e o significado da vida. Após ter mergulhado no mais profundo da miséria do homem, até a experiência de abandono de Deus, Jesus parece reunificar novamente a consciência de Filho único de Deus e de filho do homem. Sua voz expressa a confiança total do filho. Volta a chamar Deus de Pai. Em suas mãos entrega seu espírito humano, na certeza de que não será destruído para sempre.

c) O salmo 30, onde Jesus colhe suas últimas palavras (30,6), traduz o abandono total nas mãos de Deus, quando tudo parece perdido e sem sentido. Quando a opressão e a perseguição roubam o direito à própria vida, esta vida é depositada com confiança nas mãos de Deus: *"Por tua justiça salva-me!... vem depressa livrar-me,... livra-me do laço que me armaram, porque és minha defesa"* (Sl 31,2-5). O abandono nas mãos do Pai é a salvação para quem se sente abandonado até mesmo por Deus. O medo de Jesus é nosso medo, a oração de Jesus é nossa oração e a morte de Jesus é nossa morte. Só assim poderemos também exclamar: *"Onde está, ó morte, sua vitória? Onde está, ó morte, seu ferrão?... Graças a Deus, que nos dá a vitória por Nosso Senhor Jesus Cristo*" (1Cor 15,55.57).

C. O DESCIMENTO DA CRUZ

1. Sugestões para preparar o Sermão

a) *Deverá haver ao menos um grande Crucifixo, a que o pregador possa referir-se.*

b) *É um momento propício para atualização do tema da Campanha da Fraternidade, por meio de simbolismos ligados* *à Cruz. Faixas com inscrições, gestos de desprender o Corpo de Jesus, luzes etc., podem ajudar a visualizar este momento.*

c) Ser despregado da Cruz deve dar o sentido de esperança de libertação para o homem, pregado às cruzes da vida e das estruturas de pecado do mundo. Fazer com que a Cruz de Jesus seja vista como um símbolo de Redenção mais do que de dor ou de morte. Um facho de luz sobre a Cruz ou ramos verdes que gradativamente são distribuídos ao longo da Cruz podem evidenciar este sentido de vida nova.

> *"Havia um homem bom e justo, chamado José, membro do Conselho, o qual não tinha aprovado a decisão nem a ação dos outros membros. Ele era de Arimateia, uma cidade da Judeia, e esperava a vinda do Reino de Deus. José foi ter com Pilatos e pediu o corpo de Jesus. Desceu o corpo da cruz, enrolou-o em um lençol e colocou-o em um túmulo escavado na rocha, onde ninguém ainda tinha sido sepultado. Era o dia da preparação da Páscoa, e o sábado já estava começando..."* (Lc 23,50-54).

2. Pontos para a Homilia

a) Jesus é descido da cruz. Os textos evangélicos não nos sugerem muito, mas não é difícil contemplar com os olhos da imaginação e com os sentimentos do coração o que representou aquela cena final. Aos pés da cruz restam certamente aquelas poucas mulheres, o Apóstolo João, e Maria, Mãe de Jesus. Mais uma vez, surge alguém que estava fora de cena, chamado José, de Arimateia. Alguém que costumamos qualificar de "comprometido com o sistema", pois era membro daquele Conselho ou sinédrio, que decidira pela condenação de Jesus. Mesmo assim, José de Arimateia foi fiel a sua consciência e, se não conseguiu livrar Jesus, também não aprovou a decisão dos demais. Nada pôde fazer. Restou-lhe este gesto final de piedade, esta "obra de misericórdia". E ele o faz, ainda que receba a reprovação de seus colegas de Conselho, como provavelmente aconteceu.

b) Ao contemplar o corpo inerte de Jesus, que tantas pinturas representam sobre o colo de Maria, relembramos aquele pequenino corpo deitado sobre uma manjedoura, na gruta de Belém: "E o Verbo de Deus se fez carne e habitou entre nós" (Jo 1,14). De tal modo Deus nos amara, que fez do corpo humano seu maior sacramento: "Nele habita a plenitude da divindade" (Cl 1,19). Assim, Deus começara a ser fisicamente solidário com o ser humano. A garantia da presença divina se manifesta por meio dos gestos desse corpo, gerado no seio de Maria: gestos que abençoam, que devolvem a vista, o ouvido e a fala, que fazem andar, que perdoam e que ressuscitam. Gestos que se estendem sobre todo o povo, para anunciar o Reino das Bem-aventuranças. Gestos que acariciam as crianças ou multiplicam o alimento para a multidão faminta.

c) Eis este corpo divino, inerte, machucado terrivelmente pela violência daqueles que não aceitam seu Reino. Podem aceitar até alguns conselhos; não, porém, a transformação completa de uma sociedade, onde já estavam bem encaixados e acomodados. Não querem que estes braços voltem a abençoar, não permitirão que estes pés pisem novamente o pó dos caminhos humanos, levando a Boa-Nova da paz e da esperança aos pobres e excluídos (Is 52,7). Preferem que Deus continue encerrado e controlado dentro de seus templos suntuosos. Não aceitam o templo vivo do corpo humano (1Cor 6,19), porque pretendem continuar usando-o, manipulando-o, violentando-o e massacrando-o a seu bel-prazer.

d) Diante do corpo de Jesus, que ressuscitará gloriosamente ao terceiro dia, devemos recitar o Credo do corpo humano, tal como se revelou no Filho de Deus feito carne:

– Creio na dignidade do corpo humano, desde o primeiro instante de sua concepção até o último suspiro, e que está destinado a participar da ressurreição de Jesus.

– Creio na dignidade do corpo da mulher e do corpo do homem, do corpo da criança e do corpo do ancião, do corpo do jovem e do corpo do adulto. Corpo que nos foi dado não para ser banalizado, vendido ou violentado, mas para ser o sacramento vivo da comunicação do amor e da vida.

– Creio na sacralidade da vida humana, que só a Deus pertence, tão unida ao corpo, que só por meio dele se manifesta e se desenvolve. Vida, que é dom concedido para desabrochar e florir, e que nenhuma criatura jamais pode sentir-se no direito de tirá-la.

– Creio que corpo e espírito formam a pessoa humana à imagem e semelhança de Deus, e são destinados à santificação, como templo vivo do Espírito Santo. Amém.

IV. SÁBADO SANTO

Hoje é noite de festa, porque
"o Senhor ressuscitou verdadeiramente, aleluia".

1. Introdução

Esta é uma noite sacramental. A proclamação da Ressurreição do Senhor, mais do que um ato de fé, deve ser celebrada como uma atualização da Graça Pascal para a Comunidade. A História da Salvação, resumida nas diversas Leituras, converge para a alegria e a certeza de uma participação atual no Projeto pascal de Deus.

Celebrar é integrar-se nessa mesma História, é tornar-se hoje personagem vivo de uma Salvação que continua acontecendo por intermédio da presença viva de Jesus Ressuscitado. Daí, a centralidade e a importância da Liturgia Batismal, que significa esse mergulho do homem no mistério da Morte e Ressurreição do Senhor.

A Eucaristia une-se fortemente ao Batismo, como parte de uma só realidade sacramental: tornar-se um só Corpo com o Senhor Ressuscitado. A própria Liturgia do Sábado Santo, quando bem celebrada e participada, evidencia por si mesma a melhor Mensagem de Páscoa, que dispensa uma Homilia especial.

2. Sugestões para preparar a Celebração

a) *Fazer uma verdadeira fogueira, suficientemente distante da igreja, para que possibilite uma procissão de todos os fiéis. Cada família pode ser convidada a trazer algum pedaço de madeira ou um graveto, que juntará à fogueira, com o sentido de participar na realização desse fogo novo.*

b) *Ao proclamar as palavras que acompanham a incisão do Círio, o Celebrante deve fazê-lo recitando ou cantando, convidando a Comunidade a repeti-las.*

c) *Círio pascal: cantar o Precônio à luz das velas, fazendo com que a Comunidade participe do canto por meio de aclamações.*

d) *Liturgia da Palavra: preparar com criatividade, de tal forma que não seja cansativa, mas participativa e comunicativa.*

– pode-se fazer a entrada solene da Bíblia, que será colocada perto do Círio pascal e incensada antes de começar as Leituras. Talvez até 2 Bíblias, uma aberta no Antigo Testamento, e outra no Novo Testamento.

– fazer as leituras em forma dialogada.

– conforme a leitura, usar imagens que as ilustrem.

– cantar os Salmos de meditação, mesmo em versões mais adaptadas ao canto.

e) *Antes do Glória, promover um rito de revestimento festivo do altar.*

f) *Mais uma vez, enquanto possível, levar as crianças para um outro local onde tenham uma Celebração da Palavra adapta-*

da a elas. Fazê-las irromper na Comunidade no momento do Glória, com cantos e gritos de alegria.

g) *Liturgia batismal: deve ser feita de tal modo que realmente seja percebida como parte integrante da Celebração pascal. É a Ressurreição de Jesus que se comunica sacramentalmente ao ser humano. O melhor é realizar um verdadeiro Batizado, principalmente se for de adulto. O sentido da Vigília pascal se expressa melhor no Batismo de imersão, que poderia ser feito principalmente com crianças, à semelhança da imersão do Círio pascal. Na Ladainha de todos os Santos, acrescentar também os Santos de devoção da Comunidade. Se não for cantada, fazer com que pessoas ou grupos de pessoas façam as invocações de alguns Santos. Na renovação das promessas do Batismo, em vez de aspergir com água benta, providenciar algumas vasilhas nas quais a água batismal seja distribuída e apresentada à Comunidade, para que cada um possa tocá-la e fazer o Sinal da Cruz.*

h) *O abraço da Paz pode ser dado no fim da Celebração, de modo que permita uma troca alegre e demorada de Feliz Páscoa entre todos os participantes da Celebração.*

3. Pontos para a Homilia

a) A Vida venceu a Morte, o Amor venceu o ódio. Proclamar a Ressurreição de Jesus é confessar a fé em uma nova Criação, que refaz a antiga, marcada inexoravelmente pelo mistério do mal e da morte. É ter a segurança de Jesus como nosso novo Adão, princípio de uma humanidade nova. Hoje, Deus pode olhar para o universo criado por Ele e ver de novo que tudo o que criara era e é "muito bom". O dia da Páscoa é a festa do nascimento, é o primeiro dia de uma nova Criatura, refeita totalmente por Deus.

b) Em Jesus, o ser humano volta a obedecer a Deus de forma incondicional, até ao sacrifício da própria vida. Mais do que Abraão, talvez movido pelo temor, agora é o Amor misericordioso que move Deus a sacrificar seu Filho único por nós, e é o Amor redentor que faz Jesus assumir ser o novo Isaac, que desta vez não se poupou a si mesmo. Nessa obediência de Amor está o essencial da Redenção do homem desobediente e distante de Deus.

c) Quando o homem se faz obediente primeiramente a Deus, Deus se compromete a fundo com sua libertação. Não quer e não permite que seu Povo seja escravo de outros deuses e de outros homens. Ele continua a escutar o clamor de seu Povo e a oferecer Jesus como novo Moisés, capaz de libertar o ser humano de suas escravidões externas a partir de uma libertação mais profunda. Jesus chega até os "egitos" do mal e da morte, que se aninham na própria natureza do ser humano, e o toma pela mão para fazê-lo participar de sua Ressurreição.

d) Esse novo Êxodo e essa nova Aliança, cujo preço foi a Cruz, só se explicam por meio do Amor infinito e incondicional que Deus manifesta pelo homem, diz-nos o profeta Isaías. Um Amor tão forte que faz com que a humanidade seja vista por Deus como uma Esposa sempre querida e sempre recuperada, apesar de suas inúmeras infidelidades. Por isso o profeta Baruc lança um forte apelo para que correspondamos a essa confiança tão grande que tem Deus por nós e tomemos o caminho da obediência fiel a seu Amor: os mandamentos de Deus são mandamentos de Vida e de Luz.

e) O próprio Jesus Ressuscitado nos dará a força de amar necessária para sermos fiéis a seu Amor, garante-nos o profeta Ezequiel: Ele nos lavou com as águas puras do Batismo para nos dar um novo coração e um novo Espírito. De onde nos vem tamanha certeza? Do fato incontestável e central de nossa fé cristã: Jesus morreu e ressuscitou por nós, proclama São Paulo. Jamais voltará a morrer. E nós, que fomos batizados, isto é, mergulhados no mistério de sua Morte, também já participamos da vitória de sua Ressurreição. Estamos vivos para Deus em Cristo Jesus para sempre.

f) O Aleluia de Jesus é nosso Aleluia. As experiências de encontro com Jesus Ressuscitado, narradas pelos Evangelhos, transformaram os primeiros discípulos em testemunhas públicas e anunciadores corajosos do Projeto redentor de Deus em favor do homem. Hoje, nossas experiências de contato com a Palavra de Deus, de união entre nós como Comunidade e de comunhão eucarística com Jesus devem nos levar também a assumir uma nova Evangelização de nossa sociedade, fazendo ecoar com força o nome de Jesus Ressuscitado, como único Senhor de nossa História, e proclamando o valor da Vida e do Amor como critério fundamental na construção da sociedade humana. Maria é a Estrela dessa nova Evangelização pascal, tão urgente quanto necessária, para que a humanidade comece a construir uma civilização mais justa, mais humana e mais fraterna.

V. DOMINGO DA RESSURREIÇÃO

"Nós somos testemunhas de tudo o que ele fez...
Deus ressuscitou-o ao terceiro dia."

1. Introdução

O Domingo da Páscoa deve ser celebrado como o "Dia do Senhor" mais do que qualquer outro domingo. E deve integrar na alegria da Celebração pascal os mais variados aspectos de manifestação de festa da Comunidade local: a refeição, o folclore, a música, o jogo, a dança, a quermesse, o passeio etc. É um dia todo celebrativo e, enquanto possível, comunitário. A Eucaristia pode trazer uma marca própria de "Missa das Crianças" ou "Missa dos Jovens", significando a Vida nova que brotou do sepulcro vazio. A celebração deve abrir um espaço ainda maior para a alegria, a saudação pascal, os votos de paz.

2. Sugestões para preparar a Celebração

a) *Fazer com que o acender o Círio pascal seja um ato comunitário e participado, dando o sentido de presença viva de Jesus Ressuscitado e de testemunhas da Ressurreição por parte daqueles que* *o acendem. Grupos significativos e dinâmicos da Comunidade podem ser convidados a fazê-lo durante o período pascal.*

b) *Preparar uma entrada solene da Bíblia, no início da Liturgia da Palavra ou antes da proclamação do Evangelho.*

c) *Solenizar também a procissão das oferendas, com partilha de bens e de alimentos para os mais necessitados. As crianças podem ser convidadas a partilhar também seus brinquedos e seus doces. Alguns cartazes podem trazer escritos os frutos principais da Páscoa, desejados pela Comunidade, a partir da Campanha da Fraternidade.*

d) *A saudação da Paz pode ser dada pelas Crianças (ou pelos Jovens), que percorreriam a Comunidade, levando a todos os votos de Feliz Páscoa.*

3. Pontos para a Homilia

a) Pedro toma a iniciativa de proclamar publicamente sua experiência da Ressurreição de Jesus. Ele reconhece que Aquele que lhe aparecera ressuscitado é o mesmo a quem acompanhara a partir da Galileia, fazendo o bem a todos, e que terminara suspenso ao madeiro da cruz. "Com Ele comemos e bebemos depois de ressuscitado dos mortos." E, por isso, tornam-se testemunhas escolhidas por Deus para proclamar que Jesus é verdadeiramente o Senhor da História, o juiz dos vivos e dos mortos. A fé cristã torna-se uma certeza que não pode ficar escondida. Sem Jesus Ressuscitado, não há perdão, não há salvação, não há cristão.

b) Maria Madalena vai ao sepulcro no primeiro dia da semana: é o alvorecer de uma nova criação. A constatação do sepulcro vazio será fundamental para nos garantir que os discípulos não tinham tendência alguma para imaginar ressurreições. Pelo contrário, temem que o corpo de Jesus tenha sido roubado. A tampa de pedra deslocada, as faixas colocadas à parte, o sudário dobrado, aos poucos, vão se transformando em sinais que fazem despertar a fé nas promessas de Jesus.

c) Só o amor, como testemunha o discípulo que acompanha Pedro, é capaz de apressar a busca de quem se ama e de aguçar os sentidos para perceber os sinais de sua presença. Por isso ele viu e acreditou. Os outros discípulos irão necessitar de muitos outros sinais e outras experiências, antes de se tornarem testemunhas fiéis do Senhor Ressuscitado. Quem ama está aberto para crer. Quem não ama, nega até mesmo as evidências da fé.
d) A celebração da Páscoa convida o homem a buscar as coisas do alto, como ordena S. Paulo. Já não pode ficar escravizado pelas forças negativas ou pelas desesperanças desta terra. Há uma esperança acontecida e oferecida a todos aqueles que ressuscitaram com Cristo. É a vitória da Vida sobre a morte, do Amor sobre o mal. "Cristo, que leva aos céus, caminha à frente dos seus!"
e) Ainda que essa realidade permaneça oculta por enquanto, o cristão faz parte de uma "nova massa", purificada do "velho fermento da malícia e da perversidade". É algo novo, puro e cheio daquela verdade que traz em si todas as promessas de libertação e de aliança definitiva de Deus com os homens. A celebração da Eucaristia é sempre celebração pascal que revela em sinais essa nova criação e aponta para a Páscoa definitiva, quando o Amor penetrar e transformar todas as coisas.

VI. PROCISSÃO DO ENCONTRO

1. Pontos para o Sermão

"Mulher, eis aí teu filho!
Filho, eis aí tua mãe!"

"Pilatos o entregou a eles para que fosse crucificado. Levaram então Jesus consigo. E, carregando a cruz, saiu para o lugar chamado Calvário, em hebraico Gólgota, onde o crucificaram e com Ele outros dois, um de cada lado e Jesus no meio." (Jo 19,16-17)

a) A vida é a arte dos encontros. A morte é o efeito dos desencontros. Há o encontro de um homem e de uma mulher para gerar a vida humana. Há o encontro que une uma família para que possa alimentar a vida. Há o encontro que une grupos e tribos, que constrói uma pátria e que identifica um povo. Há o encontro com Deus, que dá significação à vida humana e confere a direção final a sua história, para que não acabe em destruição da vida.

b) Mas há também os desencontros, que geram a morte, tanto em forma gradativa como de maneira violenta. Há os desencontros entre o homem e a mulher, que matam o gosto de viver e de conviver e provocam carências irrecuperáveis nos filhos. Há os desencontros dentro de casa, que fazem murchar o amor e roubam todo o sabor da convivência familiar. Há os desencontros provocados pelas discriminações, pelas injustiças sociais, pelos racismos e fanatismos, que negam o direito de viver a milhões de seres humanos e multiplicam violências e guerras. Há os desencontros com Deus, que deixam o homem sem um sentido maior para a vida e sem direção para construir os projetos de sua história. Por isso há uma massa de desencontrados em todos os lugares, levando sobre os ombros uma cruz, que lhes foi imposta injustamente.

c) O encontro de Jesus com sua Mãe é um símbolo de todos os encontros e de todos os desencontros humanos. Jesus experimentava a consequência final do desencontro. Ele deve morrer e deve sentir a morte, passo a passo, como uma dissolução lenta e dolorosa. A cruz sobre as costas era o castigo por todos os desencontros que havia provocado com sua presença, com sua mensagem e com seus gestos de perdão e de cura, de vida e de amor. Era o desfecho do desencontro final entre Jesus e o homem.

d) Mais uma vez, o amor é mais forte do que o ódio, o anseio do encontro é mais profundo do que todo o poder do desencontro. A Mulher que se aproxima torna-se, neste momento, o símbolo de toda a humanidade que procura e quer encontrar-se com Deus, ainda que debaixo de uma pesada cruz. Bendita Virgem Maria, que nos representa a todos e, neste momento de desencontro universal, sai ao encontro de seu Filho e nosso Salvador. Ela arrasta consigo todos os desencontrados do mundo que anseiam redescobrir a arte do encontro. E é aqui, neste momento de dor e de dissolução, que se reconstrói o princípio único gerador de todos os encontros.

e) É em Jesus e com Jesus que a humanidade tem de se encontrar, principalmente a partir de sua situação de dor, para que também sua cruz termine em Ressurreição. "Quem quiser ser meu discípulo, renuncie a si mesmo, tome sua cruz e me siga. Pois aquele que pretender salvar sua vida, há de perdê-la; e quem perder sua vida por amor de mim, há de encontrá-la." (Mt 16,25). Só quem segue Jesus não acaba na cruz, mas com Ele chega certamente até a Ressurreição. Quem egoisticamente quer salvar apenas sua vida, acabará por perdê-la.

f) Viver é encontrar-se. E para encontrar-se é preciso aceitar perder algo da própria vida, para dar espaço à vida do outro. Só assim é possível amar, unir-se em comunhão e viver uma vida plena. É uma arte divina, pois, sem a Graça de Jesus, o homem dificilmente sai de seu casulo individualista para qualquer forma de encontro.

Por isso encontrar-se com Jesus é o princípio de todos os encontros que geram vida. Na convivência entre o homem e a mulher, dentro da família, na labuta de cada dia dentro da sociedade, somam-se as experiências de encontros ou de desencontros, de vida ou de morte. E Jesus nos faz entender que nem mesmo a cruz mais pesada precisa provocar desencontros e morte total. Ele a transformou em um instrumento de encontro, cujas hastes, vertical e horizontal, unem o céu e a terra, o divino e o humano, e mantêm as pessoas unidas entre si.

Maria Santíssima é a especialista de Deus na arte do encontro. É a Ela que devemos recorrer imediatamente, quando nossa vida dá sinais de cansaço no amor e ameaça ir em direção ao desânimo e aos desencontros.

– Mãe, fazei-nos encontrar Jesus no dia a dia de nossa vida, para que, por intermédio dele, toda a nossa existência seja, de fato, uma arte de encontros, até o encontro final convosco na Casa do Pai!

2. Alternativa

"Mulher, eis aí teu filho!
Filho, eis aí tua mãe!"

a) Mulher, eis aí teu Filho

Mulher, lembras-te daquela criança tenra, aconchegada em teu colo?

– Eis aí teu Filho!

Lembras-te do adolescente curioso, que ficara no templo entre os doutores?

– Eis aí teu Filho!

Lembras-te do jovem carpinteiro com quem convivias, que calejava suas mãos trabalhando junto com o pai?

– Eis aí teu Filho!

Lembras-te, Mulher, do profeta corajoso, que derrubou os poderosos de seus tronos e ergueu os humildes, que deixou os ricos de mãos vazias e saciou de bens os famintos, que abriu os olhos aos cegos, libertou os escravizados, fez andar os paralíticos e deu voz aos mudos?

– Eis aí teu Filho!

Olha agora seu rosto ensanguentado, sua coroa de espinhos: aí está tua criança, teu adolescente, teu jovem, teu filho querido.

Tu nos deste um Filho sadio e bonito. Nós o devolvemos desfigurado e agonizante.

Tu nos deste um Irmão forte e corajoso, nós o apresentamos agora fraco e vencido.

Senhora, não é essa a imagem de teu Filho. Na verdade, Ele tornou-se nosso retrato. Ele assumiu nosso rosto, tomou sobre si nossas dores e misérias. Ele nos amou ao ponto de chegar ao fundo de nosso poço para encontrar-se definitivamente conosco.

Em seu corpo coberto de chagas estão os corpos de todos os homens e todas as mulheres, cujos corações trazem feridas incuráveis. Tantas famílias infelizes, cujo matrimônio tornou-se uma cruz insuportável. Tantas crianças às quais é negado o direito de viver e de amar. Tantos jovens desorientados e destruídos em seus sonhos. Aí estão as milhões de pessoas empobrecidas pela ganância de poucos.

Enfim, Senhora, em seu corpo de dor identificam-se todos aqueles que perderam o significado da própria existência e já não têm o porquê viver, o porquê amar, o porquê lutar. Todo o mistério de nosso Pecado desabou sobre Ele e marcou todo o seu corpo, todo o seu semblante.

Deixa, Senhora, que Ele continue seu caminho de dor até o fim. É nossa única e última esperança de vida e de amor, de perdão e de paz. Não o impeças, por favor. Nossa libertação está próxima.

Mãe, dá-nos teu Filho mais uma vez.

b) "Filho, eis aí tua Mãe!"

Eis a Mulher que seguiu teu caminho até o fim. Eis a Mulher do Sim, que foi capaz de sacrificar todos os seus sonhos pessoais para tornar-se a Serva do Senhor e de todos nós. Eis a Mulher de José, eis a Mulher-esposa, eis a Mulher-mãe. Eis a Mulher simplesmente mulher, na dignidade humilde de filha querida de Deus. Eis aquela que acreditou e que sabia guardar tua Palavra bem dentro do coração, mesmo quando não a compreendia. Eis aquela que proclamou com alegria nossa total libertação, talvez sem imaginar o quanto te custaria.

Eis aí tua Mãe, eis aí nossa Mãe. Ela inverteu o nome de Eva em Ave e preferiu a árvore dolorosa da Cruz à árvore perigosa do paraíso. Ela está perto de ti nesta caminhada, assim como está sempre perto de nós em nossas passagens de dor e de pecado.

Ela é o símbolo da humanidade sofrida de todos os tempos, da humanidade vítima do mal, da humanidade fiel que não desiste de confiar e de construir esperança. Nas lágrimas e na espada que transpassaram seu coração estão a dor e o arrependimento de todos nós, que te amamos e que em ti confiamos. Só tu tens palavras de vida eterna.

Filho, dá-nos de novo tua Mãe!

VII. PROCISSÃO DO ENTERRO

1. Pontos para o Sermão

"Se o grão de trigo morrer,
produzirá muito fruto" (Jo 12,24)

"Havia um homem bom e justo, chamado José, membro do Conselho, o qual não tinha aprovado a decisão nem a ação dos outros membros. Ele era de Arimateia, uma cidade da Judeia, e esperava a vinda do Reino de Deus. José foi ter com Pilatos e pediu o corpo de Jesus. Desceu o corpo da cruz, enrolou-o em um lençol e colocou-o em um túmulo escavado na rocha, onde ninguém ainda tinha sido sepultado. Era o dia da preparação da Páscoa, e o sábado já estava começando. As mulheres, que tinham vindo da Galileia com Jesus, foram com José, para ver o túmulo e como o corpo de Jesus ali fora colocado. Depois voltaram para casa e prepararam perfumes e bálsamos. E, no sábado, elas descansaram, conforme ordenam a Lei" (Lc 23,50-56).

a) Eis até que ponto chegou o Amor do Deus por nós. Ele abaixou-se até a mansão dos mortos, Ele aceitou ser enterrado para atingir o ponto final, o limite último e inevitável de uma existência humana. Esse mergulho do Filho de Deus até o âmago da natureza humana acontece dentro de uma história dolorosa, em que a maldade do homem expressa tudo de que é capaz de realizar de mais doloroso e de mais injusto sobre a vida de um ser humano.

b) "Povo meu, que te fiz eu? Dize em que te contristei?" Que crime tão hediondo cometera Jesus? Será porque criara o universo e nele colocara a terra tornando-a habitável, entre tantas estrelas e planetas? Ou, talvez, porque havia criado o homem e a mulher a sua imagem e semelhança, dando-lhes a liberdade de amar, de dispor da terra e de ser feliz? Ou ainda terá sido porque entrara em nossa história, fazendo-se à nossa imagem e semelhança, para dar uma Boa Notícia ao pobre e devolver a vista ao cego, para libertar os oprimidos e abrir as portas das prisões aos encarcerados, para perdoar os arrependidos e sarar as feridas do coração, enfim para oferecer a todos uma vida nova e vida em plenitude? Em que foi que Deus errou para que fosse assim castigado pelo homem? Como é possível que o homem acompanhe o enterro de seu Deus?

c) O paradoxo do grão de trigo é doloroso por si mesmo. Não há nascimento sem alguma dor. E quando é toda a humanidade de todas as gerações que precisa nascer de novo, o parto será com certeza terrivelmente mais doloroso (Rm 8,22). Eis a semente da nova humanidade que foi lançada à terra: o corpo de Jesus de Nazaré. O mistério da maldade humana não é superior à generosidade do Amor de Deus, que transforma a violência destrutiva em início de uma nova vida.

Enterraram o corpo, não porém, o Amor e a Vida. Quando todos os fatos trazem a aparência de um fracasso total, há um mistério mais profundo sendo atuado por Deus no seio da História. Dessa semente brotou a Videira nova, cujos ramos somos nós. Quem permanece unido a Ele, participa de sua vida e produz muitos frutos. Desse grão de trigo caído por terra foi feita uma massa nova, não fermentada pelo mal, que se transformou em uma Hóstia viva agradável a Deus.

d) O verdadeiro enterro, aquele que faz desaparecer a vida, não é o de Jesus. É o enterro daqueles que o traem como Judas, daqueles que o negam como Pedro, daqueles que sentem medo e se acovardam como Pilatos. E aqueles que, à semelhança dos fariseus, dominam as pessoas e as impedem de viver e de amar, são os verdadeiros sepulcros caiados ou cadáveres ambulantes, já apodrecidos e fétidos. Esses enterram definitivamente a própria vida, porque sepultaram a própria significação da vida do homem. Sepultaram o amor, a misericórdia, a justiça, a honestidade, a verdade.

e) Por isso mais do que sepultar Jesus, é importante enterrar tudo o que em nós existe de pecado, de maldade, de falsidade: nossas ganâncias e nossas arrogâncias; nossas covardias e nossos interesses egoístas; nossa mesquinhez e nossas mediocridades; nossas dores e nossas feridas; nossos ressentimentos e nossos desesperos; nossas raivas e nossos ódios. Enterremos tudo isso bem fundo no sepulcro de Jesus, rezando intimamente para que possamos ressuscitar com Ele com uma nova mentalidade, feita de fé, de esperança, de amor e de coragem de viver. Que essa procissão do enterro seja um símbolo de nosso Batismo, que o renove profundamente. "Pelo Batismo fomos sepultados com Ele, para que, assim como Cristo ressuscitou dos mortos, pela glória do Pai, da mesma forma nós também caminhemos em uma vida nova" (Rm 6,4).

f) A solidariedade corajosa de José de Arimateia, de Nicodemos e das mulheres discípulas de Jesus dão-nos a certeza de que sempre existe uma pequena comunidade que acompanha a procissão com sentimentos de amor efetivo. Nós pertencemos a essa pequena comunidade na medida em que nos fazemos solidários não apenas com a imagem de Jesus morto, mas principalmente quando somos capazes de ver as imagens vivas de Jesus em nossos dias, enterrados na miséria e nos pecados da sociedade, vítimas das injustiças, das violências e das ganâncias.

g) Nesta procissão, caminha conosco Maria, Mãe de Jesus e nossa Mãe. Ela não nos repreende por tudo aquilo em que nós próprios também colaboramos com a Paixão e Morte de seu Filho. Ela é solidária com nossa fraqueza e olha por nós com amor de Mãe, intercedendo por nossa plena ressurreição. Que Ela permaneça sempre conosco, como permaneceu com os Discípulos de seu Filho. Que Ela nos leve sempre de volta a Jesus, quando o perdemos de vista ou quando o deixamos enterrado em nossos pecados.

2. Sugestões para preparar a Cerimônia

a) *Onde é possível realizar o descimento da Cruz, convém aproveitá-lo para fazer uma representação que atualize o sofrimento atual do ser humano, principalmente dentro do tema da Campanha da Fraternidade.*

b) *Ao longo da procissão, preparar faixas que manifestem a mensagem atualizada da Semana Santa, lembrando as libertações sociais que a Comunidade necessita e as afirmações principais da Campanha da Fraternidade do ano.*

c) *Em alguns lugares o povo tem a tradição de dar um beijo na imagem do Senhor morto. É mais uma oportunidade para evangelizar, fazendo com que a devoção seja mais significativa, por intermédio de vários grupos, movimentos, pastorais etc. Destacar e dar uma significação ao beijo das crianças, dos jovens, dos casais, dos homens e das mulheres, dos idosos, dos doentes etc. Uma pequena paraliturgia pode ser preparada para esse momento.*

QUARTA PARTE

INSTRUÇÕES PARA OS MINISTÉRIOS E SERVIÇOS NA COMUNIDADE PARA A *ARS CELEBRANDI* NA SEMANA SANTA

Os serviços litúrgicos realizados pelos fiéis leigos na Semana Santa devem ser objetos de zelo e cuidados pastorais. A preocupação pastoral nessa atividade se orienta no sentido de descobrir a função e o sentido dos elementos litúrgicos na unidade significativa da celebração e valorizá-los como momentos e modos de participação consciente e ativa, no sentido de conduzir os fiéis a uma vivência mais profunda para fazer memória do Mistério pascal de Cristo e se associar a ele.

O documento do Concílio Vaticano II sobre a liturgia, Constituição Sacrosanctum Concilium (SC) e a Instrução Geral do Missão Romano (IGMR), ao se referirem à atuação na liturgia, falam de serviços, função, parte, encargo, ministério, ministro particular, ofício (cf. SC 11,14,19,21,26,28; IGMR n. 58-73.127-152). Apesar da diversidade de serviços, funções e ministérios (cf. 1Cor 12,4-6; Ef 4,1-12), formamos um só corpo que brota da missão única de Cristo confiada à Igreja.

Portanto, por força do Batismo e da Confirmação, o povo sacerdotal participa do ministério litúrgico e sacerdotal de Jesus Cristo, pois a assembleia inteira desempenha o papel de "liturgo", cada um segundo sua função (cf. CNBB – Doc. 108, Ministério e celebração da Palavra, n. 109).

Nesse corpo há ministros, alguns ordenados e outros instituídos, ou que simplesmente aceitaram desempenhar algumas funções litúrgicas. Nesse sentido o serviço e a tarefa litúrgica no interior da comunidade eclesial cabe a todos os integrantes da comunidade, embora, na hora da execução, a tarefa seja particularmente confiada aos ministros ordenados e aos diversos ministérios leigos.

Por causa da complexidade das celebrações da Semana Santa oferecemos algumas orientações práticas às comunidades eclesiais em suas diversas manifestações e aos que são chamados a orientar a celebração, devido à grande quantidade de coisas concretas que temos de preparar antecipadamente para as várias celebrações.

Aconselhamos que memorizem a estrutura da celebração. Mas, se parecer difícil, sugerimos que escrevam em uma folha sua estrutura, para poderem consultá-la fácil e rapidamente.

Para agilizar os serviços litúrgicos e os dotes necessários para uma participação mais digna, consciente e frutuosa da assembleia, procurem envolver um ou mais grupos que façam parte dela, fazendo uma caminhada de aprofundamento e oração adequada para a *ars celebrandi*.

I. DOMINGO DE RAMOS

"O 6º domingo da Quaresma, com o qual se inicia a Semana Santa, é chamado Domingo de Ramos e da Paixão do Senhor" (Normas Universais do Ano Litúrgico e Novo Calendário Geral – NALC, n. 30). Esse domingo caracteriza-se pela comemoração da entrada do Senhor em Jerusalém e a solene proclamação da Paixão.

1. O que é necessário preparar

a) Comemoração da entrada do Senhor em Jerusalém

Procissão

A assembleia reunida em um lugar apropriado fora da igreja:

- Mesa pequena;
- Toalha para cobrir a mesa;
- Missal;
- Estante para o missal;
- Estante de leitura destinada à proclamação do Evangelho;
- Livro dos Evangelhos
- Ramos (oliveira, palmeira, ramos floridos de outras árvores, diversas plantas)
- Caldeirinha com água benta
- Aspersório (ou molho de ramos)
- Turibulo (ou talha de barro)

- Carvão
- Fósforo ou isqueiro
- Naveta
- Incenso
- Cruz processional ornamentada com ramos
- Velas
- Vestes litúrgicas de cor vermelha – (capa pluvial, para a procissão; casula, para a missa).

b) Comemoração da Paixão

Missa

- O necessário para a celebração da Missa, como de costume;
- Os lecionários para os leitores da Paixão: a proclamação do Evangelho da Paixão do Senhor pode ser feita com três leitores distintos: um representa Jesus, o sacerdote, se possível; outro atua como cronista e o terceiro personifica todos os outros personagens da Paixão, portanto, é necessário preparar um texto para cada leitor.

2. Ministérios e serviços

- Apanhador(a) dos ramos (serviço que deve ser feito no dia anterior);
- Preparador(a) dos ramos (separar os molhos a serem distribuídos aos fiéis);
- Ornamentador(a) da cruz processional (colocar na haste da cruz um ramo de oliveira ou palmeira. Considerar as exigências da arte e aliar a uma nobre simplicidade (IGMR, 351);
- Ornamentadores(as) da Igreja (Imitando os discípulos que prepararam cuidadosamente a sala para a última ceia com Jesus (cf. IGMR 1), enfeitar a igreja com ramos, buscando "a nobre simplicidade que se coaduna, perfeitamente, com a verdadeira arte" (IGMR, 325).

- Arrumadeiras da pequena mesa (preparar uma mesa, ornando-a com toalha, para se colocarem os ramos, a água benta, a talha de barro ou o turíbulo e o incenso, eventualmente o microfone. Observe o bom gosto, a beleza e a ambientação festiva do lugar);
- Distribuidores(as) dos ramos (distribuir aos fiéis os ramos logo após a bênção, antes da proclamação do Evangelho da entrada de Jesus em Jerusalém);
- Carregadores das talhas de barro ou do turíbulo e da naveta;
- Carregador (acólito) da cruz processional;
- Carregadores (acólitos) das velas ladeando a cruz processional;
- Organizadores e animadores da procissão com os ramos bentos;
- Proclamadores: o diácono ou, na falta dele, o sacerdote proclama o Evangelho da entrada de Jesus em Jerusalém. A história da Paixão que será lida na missa pode ser feita por leigos (as), reservando-se a parte do Cristo para o sacerdote, se for possível.

II. TRÍDUO PASCAL

O Tríduo pascal da Paixão e Ressurreição do Senhor começa com a Missa vespertina na Ceia do Senhor, possui seu centro na Vigília Pascal e encerra-se com as Vésperas do domingo da Ressurreição (NALC, n.19). Ele resplandece como o ápice de todo o ano litúrgico (cf. NALC, n. 18).

A. MISSA DO CRISMA

1. O que é necessário preparar

a) Na sacristia ou em outro lugar apropriado

O necessário para a celebração da Missa, como de costume;

- As vestes sacras requeridas para a celebração da missa;
- Insígnias do Arce (bispo);
- Azeite de oliva virgem ou outro óleo vegetal;

- Ânfora – vaso do óleo dos enfermos;
- Ânfora – vaso do óleo dos catecúmenos;
- Ânfora – vaso do óleo para o Crisma;
- Bálsamo, essência de Mirra, Nardo ou outra substância aromática;
- Vaso – recipiente dos perfumes;
- Concha para misturar os perfumes na confecção do Crisma;
- Véu de ombros – Véu umeral - para pegar as Ânforas – os vasos com o óleo;
- Vaso – recipiente para a conservação dos sagrados óleos, a serem distribuídos às comunidades paroquiais;
- Turíbulo ou talha de barro;
- Carvão;
- Naveta;
- Incenso;
- Pão, o vinho e a água para o sacrifício da Missa;

(cf. Pontifical Romano, Bênção dos Óleos e consagração do Crisma, n.13 a 28).

b) Em lugar conveniente do presbitério

- Uma credência – pequena mesa para receber as Ânforas, os vasos de óleo - colocada de modo que o povo possa seguir perfeitamente toda a ação sagrada e dela participar (cf. Pontifical Romano, Bênção dos Óleos e consagração do Crisma, n.13);

2. Ministérios e serviços

- Ministros designados para levarem os óleos;
- Diácono ou presbítero para levar o óleo para o Crisma;
- Ministro para levar os perfumes;
- Fiéis para levarem o pão, o vinho e a água para o sacrifício da Missa;
- Leigos e leigas encarregados de separarem os Santos Óleos nos vasos sagrados, ou recipientes apropriados, que serão enviados às comunidades paroquiais;

SAGRADO TRÍDUO PASCAL

A. MISSA VESPERTINA DA CEIA DO SENHOR

A missa "in coena Domini" seja celebrada na hora mais oportuna da tarde, com caráter festivo, tom da alegria, unitário e comunitário. O tabernáculo está rigorosamente vazio; aberto, com a lamparina do Santíssimo apagada. Ao Gloria, pode-se tocar todas as campainhas e sinetas.

1. O que é necessário preparar

a) Em lugar conveniente do presbitério

- Vestes sagradas de cor branca;
- Véu de ombros de cor branca;
- Cruz e candelabros;
- Âmbulas ou vasos com partículas a consagrar que sejam suficientes para esta Missa e para o rito de Sexta-feira Santa;
- Turíbulo ou talha de barro;
- Carvão;
- Incenso;
- Naveta;
- Tochas e velas;
- Tudo o que é habitualmente necessário para a celebração da Missa;

b) No lugar onde se faz o lava-pés:

- Assentos (12 bancos ou cadeiras) para as pessoas designadas para o lava-pés;
- Jarro com água;
- Uma bacia vazia
- Toalhas para enxugar os pés;
- Toalha (ou gremial de linho) para o sacerdote ou ministro qualificado cingir a cintura;

- Material necessário (sabonete e toalha) para se lavar as mãos após o lava-pés;

c) Na capela onde se guarda o Santíssimo Sacramento

- Sacrário ou cofre para a reposição;
- Velas, lamparinas, tochas
- Flores naturais e outros ornamentos adequados; (cf. Congregação para o Culto Divino, Cerimonial dos Bispos (Cerimonial da Igreja), Salesiana Dom Bosco – Paulinas, São Paulo, 1988, n. 299)
- O altar da reposição não deve desviar a atenção do tabernáculo; que se evite toda ideia de sepulcro. Tudo deve ser orientado para a presença do Senhor na eucaristia. Não colocar muitos símbolos, basta a presença discreta e acurada de flores e velas.

2. Ministérios e serviços

- Pessoas designadas para o rito do lava-pés;
- Ministros que auxiliam o sacerdote, ou o Representante, no lava-pés;
- Tocadores do sino (durante o canto do Glória, tocam-se os sinos, que permanecerão depois silenciosos até a Vigília Pascal);
- Arrumadeiras do lugar da reposição do Santíssimo Sacramento;
- Carregador (acólito) com a cruz processional;
- Carregadores (acólitos) que levam os castiçais com as velas acesas;
- Carregador, carregadora da talha de barro ou do turíbulo;
- Carregador, carregadora da naveta;
- Transportadores das tochas (ladeando o Santíssimo Sacramento);
- Desnudadoras do altar: a desnudação do altar é feita em silêncio, logo em seguida da procissão com o Santíssimo Sacramento;
- Tiradores das cruzes da igreja (não sendo possível tirar as cruzes, é conveniente cobri-las, a não ser que já estejam cobertas).

B. SEXTA-FEIRA DA PAIXÃO DO SENHOR

Pelas três horas da tarde, a não ser que razões pastorais aconselhem horas mais tardias, procede-se à celebração da Paixão do Senhor, que consta de três partes: liturgia da Palavra, adoração da cruz e comunhão eucarística (cf. Missal Romano, Sexta-feira na Paixão do Senhor. Celebração da Paixão do Senhor, n. 3). O altar despido e o tabernáculo visivelmente vazio.

CELEBRAÇÃO DA PAIXÃO DO SENHOR

1. O que é necessário preparar

a) Na sacristia

- Paramentos de cor vermelha;
- Para o bispo, mitra simples, mas não o anel e nem o báculo;
- Estolas vermelhas para os presbíteros e diáconos que receberem a comunhão;
- Outros ministros: alvas e outras vestes apropriadas.

b) Em lugar apropriado

- Véu vermelho;
- Cruz para ser velada (coberta com o véu vermelho; para prender o véu, usa-se alfinete, fita adesiva ou fita vermelha de pano);
- Velas;
- Dois castiçais.

c) No presbitério

- Tapete, almofadas ou genuflexórios desguarnecidos, para a prostração;
- Missal;
- Toalhas;
- Corporal e sanguíneo;

- Lecionário;
- A narrativa da Paixão do Senhor, segundo João, pode ser feita com três leitores distintos, como no domingo anterior;
- Base para sustentar o crucifixo na vertical.

d) Do local da reposição do Santíssimo Sacramento

- Véu de ombros, vermelho ou branco, para o diácono;
- Dois castiçais com velas acesas para os ministros.

2. Ministérios e serviços

- Arrumadoras da cruz que será velada para a solene adoração;
- Preparadoras do lugar para a celebração da Paixão do Senhor;
- Proclamadores (as): primeira leitura, do profeta Isaías; segunda leitura, da carta aos Hebreus. As leituras sejam proclamadas integralmente;
- Salmista e/ou cantor: salmo responsorial e o canto antes do evangelho;
- A narrativa da Paixão do Senhor, como no domingo anterior;
- Transportadores (acólitos) dos castiçais;
- Carregadores (as) da cruz para a solene adoração;
- Apresentadores (as) da cruz para a assembleia;
- Arrumadeiras do altar – acólitos ou ministros: serviço de mesa: estender a toalha sobre o altar, colocar o corporal e o Missal;
- Transportadores (as) – ministros, do pão consagrado para a distribuição aos fiéis;
- Arrumadores (as) para oportunamente desnudar o altar.

C. SÁBADO SANTO

A atividade litúrgica principal da igreja durante esse dia é a celebração da Liturgia das Horas ou o Ofício Divino das Comunidades. O Ofício Divino das Comunidades é uma versão da Liturgia das Horas em linguagem brasileira, acessível as nossas comunidades eclesiais. O altar-mesa fica sem toalhas e ornamentos.

VIGÍLIA PASCAL

A Vigília pascal, na noite santa em que o Senhor ressuscitou, seja considerada a "mãe de todas as santas vigílias", na qual a Igreja espera, velando, a Ressurreição de Cristo e a celebra nos sacramentos (cf. NALC, 21).

1. O que é necessário preparar

a) Para a bênção do fogo e preparação do Círio:

- Gravetos para a fogueira – montar a fogueira em um lugar fora da igreja, onde o povo se reúne;
- Fósforo ou isqueiro;
- Caldeira com água benta e aspersório;
- O círio pascal;
- Estilete litúrgico para as incisões no círio pascal;
- Cinco grãos de incenso para aplicar no círio pascal;
- Utensílio adequado para acender a vela com o fogo novo;
- Lanterna portátil (celular) para iluminar os textos a serem lidos na escuridão;
- Velas para os que participam da vigília;
- Talha de barro ou turíbulo;
- Naveta com incenso;
- Utensílio para se tirar as brasas acesas do fogo novo e deitá-las na talha de barro ou turíbulo.

b) Para a Proclamação da Páscoa (Exultet) e para a liturgia da palavra:

- Candelabro para o Círio Pascal, posto junto ao ambão;
- Lecionário: nesta vigília propõem-se nove leituras: sete do Antigo Testamento e duas do Novo (Epístola e Evangelho);
- Proclamadores da Palavra;
- Salmista ou cantor;
- Sineta, campainhas, sinos.

c) Para a liturgia batismal:

- Potes, jarros ou recipientes adequados, com água;
- Aspérgio ou um ramo apropriado para se lançar a água benta;
- Quando se administram os sacramentos da Iniciação Cristã: óleo dos catecúmenos, santo Crisma, vela batismal, Ritual do Batismo.
- Velas para os neófitos

2. Ministérios e serviços:

- Montadores da fogueira;
- Acendedora (o) do fogo novo;
- Carregador (a) do Círio Pascal;
- Carregadores das tochas que acompanharão o Círio Pascal;
- Carregadores (as) das talhas de barro;
- Turiferário;
- Apagadores e acendedores das luzes da Igreja;
- Batedores da sineta;
- Tocadores dos sinos da torre, ao entoar o hino Glória a Deus nas alturas;
- Lanterneiro (acólito ou um dos ministros encarregado do serviço de iluminação na bênção do fogo e preparação do círio);
- Arrumadeiras do altar (enfeites e adornos apropriados, no momento em que se entoa o hino Glória a Deus nas alturas);
- Cantor (as) da proclamação da Páscoa (Exultet);
- Proclamadores da Palavra: são propostas nove leituras: sete do Antigo Testamento e duas do Novo Testamento (Epístola e Evangelho). Por razões pastorais, pode-se diminuir o número de leituras do Antigo Testamento, sendo que a leitura do Êxodo, cap. 14 nunca pode ser omitida (cf. Missal Romano, Vigília Pascal, Liturgia da Palavra, n. 20-21);
- Salmista (s) ou cantor (res) para o Salmo Responsorial das leituras;

- Benzedeiras (ministras ou ministros) para aspergir a assembleia com a água benta;
- Apresentadores (as) – padrinhos – catequistas, dos catecúmenos;
- Organizadores (as) da procissão até a pia batismal ou ao batistério. A procissão é precedida pelo círio pascal, seguido pelos catecúmenos e padrinhos, e depois pelo sacerdote e os ministros (cf. Missão Romano, Vigília Pascal, Liturgia Batismal, n. 39).
- Servidores da mesa do pão. Convém que o pão e o vinho sejam apresentados pelos neobatizados.

III. DOMINGO DA PÁSCOA NA RESSURREIÇÃO DO SENHOR

A Santa Igreja comemora em dias determinados a obra salvífica de Cristo. Cada semana, no dia chamado domingo (dia do Senhor), ela recorda a ressurreição do Senhor, que celebra também, uma vez por ano, com a bem-aventurada Paixão na solenidade máxima da Páscoa (NALC, 1).

Encerra-se o Tríduo Pascal com as Vésperas do domingo da Ressurreição.

O que é necessário preparar

- Tudo o que é habitualmente necessário para a celebração da Missa
- Paramentos de cor branca
- Toalhas de altar adequadas às circunstâncias
- Arranjos florais

"Ressuscitei,
estou convosco para sempre.
Aleluia!"

ÍNDICE

PRIMEIRA PARTE

Histórico da Semana Santa 5

I. O sentido das festas cristãs 7

II. A Semana Santa 9
  1. A origem da Semana Santa 9
  2. A teologia da Semana Santa 12

III. Os dias da Semana Santa 13
  1. O Domingo de Ramos na história 13
  2. A celebração do Domingo de Ramos nos dias de hoje 14
  3. Segunda, Terça e Quarta-feira Santas 16
  4. A Quinta-feira Santa 16
    a) A manhã da Quinta-feira Santa 16
    b) A manhã da Quinta-feira hoje 16
    c) A tarde da Quinta-feira Santa 17
  5. A Sexta-feira Santa 20
    a) Formação e evolução 20
    b) A celebração da Sexta-feira Santa hoje 21
  6. Sábado Santo 22
  7. A celebração do tríduo sacro 23
    a) O Sábado Santo 23
    b) A celebração da Vigília hoje 25
    c) O Domingo de Páscoa 29

IV. A Semana Santa e o folclore
  1. Procissões da Semana Santa 29
    a) Procissão de Ramos 30
    b) Procissão do Depósito 30
    c) Procissão do Encontro 31

d) A Cerimónia do Lava-Pés 32
e) A Procissão do Fogaréu 32
f) A Procissão do Senhor Morto 33
g) A Procissão da Ressurreição 34
2. Malhar o Judas 34
3. Alguns símbolos da Páscoa 35
4. Alimentos típicos da Semana Santa 37
5. Preceitos populares da Quaresma 38

SEGUNDA PARTE
Comentários da Liturgia e Paraliturgia 41
I. Domingo de Ramos 43
a) Bênção e procissão dos ramos 43
b) Missa 45

II. Segunda, Terça e Quarta-feira da Semana Santa 47

III. Tríduo pascal 48

IV. Quinta-feira Santa 48
a) Missa do Crisma e bênção dos santos óleos 48
b) Missa vespertina da Ceia do Senhor 52

V. Sexta-feira Santa 55

VI. Vigília pascal 60

VII. Domingo da Páscoa na Ressurreição do Senhor 68

TERCEIRA PARTE
Instruções para os ministros ordenados 71
I. Domingo de Ramos 73

II. Quinta-feira Santa 77

III. Sexta-feira Santa 80
a) Celebração litúrgica 80
b) As sete palavras de Jesus na cruz 83
c) O descimento da cruz 92

IV. Sábado Santo 95

V. Domingo da Ressurreição 99

VI. Procissão do Encontro 101

VII. Procissão do Enterro 106

QUARTA PARTE
Instruções para os ministérios e serviços na comunidade 111
I. Domingo de Ramos 114

II. Tríduo Pascal 116
a) Missa do Crisma 116
b) Sexta-feira da Paixão do Senhor 120
c) Sábado Santo 121

III. Domingo da Páscoa na ressurreição do Senhor 124

Este livro foi composto com as famílias tipográficas Congenial, Source Sans, Times New Roman e Trajan Pro
e impresso em papel Book Ivory 65g/m² pela **Gráfica Santuário.**